公路工程标准规范理解与应用丛书

《高速公路改扩建交通工程及沿线设施设计细则》释义手册

廖朝华　胡彦杰　等　编著

人民交通出版社股份有限公司

内 容 提 要

本手册为《高速公路改扩建交通工程及沿线设施设计细则》(JTG/T L80—2014)的配套图书，对规范条文的编制背景、编制目的、注意事项等进行了详细解释，并增加了改扩建工程中交通工程及沿线设施的设计案例。

本手册可供公路工程设计人员使用，也可供相关科研人员参考。

图书在版编目(CIP)数据

《高速公路改扩建交通工程及沿线设施设计细则》释义手册/廖朝华，胡彦杰编著. — 北京：人民交通出版社股份有限公司，2015.3

ISBN 978-7-114-12124-1

Ⅰ.①高… Ⅱ.①廖… ②胡… Ⅲ.①高速公路—改建—道路工程—设计标准—中国—技术手册②高速公路—扩建—道路工程—设计标准—中国—技术手册 Ⅳ.①U418.8-65

中国版本图书馆CIP数据核字(2015)第054642号

公路工程标准规范理解与应用丛书

书　　名:《高速公路改扩建交通工程及沿线设施设计细则》释义手册
著 作 者: 廖朝华　胡彦杰　等
责任编辑: 张　鑫　李　农
出版发行: 人民交通出版社股份有限公司
地　　址:(100011)北京市朝阳区安定门外外馆斜街3号
网　　址: http://www.ccpress.com.cn
销售电话:(010)59757973
总 经 销: 人民交通出版社股份有限公司发行部
经　　销: 各地新华书店
印　　刷: 北京鑫正大印刷有限公司
开　　本: 720×960　1/16
印　　张: 5.75
字　　数: 89千
版　　次: 2015年3月　第1版
印　　次: 2015年3月　第1次印刷
书　　号: ISBN 978-7-114-12124-1
定　　价: 40.00元
(有印刷、装订质量问题的图书，由本公司负责调换)

本书编委会

主　　编：廖朝华　胡彦杰

编　　委：王武岗　杨　峰　曹豫涛　李太芳

孙志欣　梁营力　杨先平　张　艳

代言明　周家才

前　言 QIANYAN

随着我国经济社会的快速发展，部分早期建设的高速公路已不能很好地适应社会和城乡建设可持续发展的需求。但由于土地资源日益紧张，依靠不断“加密”建设新线来满足社会对交通的巨大需求是不现实的。利用现有公路走廊，将既有公路“加粗”，既能提高通道运能和服务水平，满足国民经济发展的需要，又能节约土地资源，保护环境、降低建设成本，适应科学发展的要求。

“十五”以来，一些省市陆续开展对部分高速公路实施改扩建工程。然而，各地在实施高速公路改扩建过程中，存在建设方式方法差别较大、建设理念和指导原则不统一、对关键技术指标的理解存在异议等问题。

为将科学理念和成熟先进的技术落实到高速公路改扩建工程建设中，交通运输部下达了行业标准《高速公路改扩建交通工程及沿线设施设计细则》（以下简称《细则》）的编制任务。该《细则》历时四年完成，于2015年3月1日实施。

作为我国首次针对高速公路改扩建交通工程及沿线设施设计制定的行业标准，《细则》主要针对高速公路改扩建中交通工程及沿线设施设计的一些具体问题做出规定。为便于工程技术人员进一步了解和掌握《细则》，编写组主要成员结合《细则》编制过程中的调研和讨论成果，将一些主要条目的编制目的、背景及应用注意事项编辑成书。

本书由多位撰稿人共同完成，其中第1章、第2章、第4章、第

8章、第9章由胡彦杰撰写，第3章由王武岗、杨峰等撰写，第5章由杨峰撰写，第6章、第7章由王武岗、曹豫涛、李太芳撰写。全书由廖朝华、胡彦杰统稿。本书在编写过程中，得到编写组其他同志的大力支持和帮助，在此一并表示感谢！书中不妥之处敬请广大读者批评指正。

为便于读者阅读，书中《细则》条文以楷体字列出，条文释义以宋体字示出。

本书内容仅供参考，如有与《高速公路改扩建交通工程及沿线设施设计细则》（JTG/T L80—2014）不一致的地方，以《细则》规定为准。

作　者

2015年3月

目录 MULU

1 总则

《细则》“总则”共8条，规定了细则的编制目的、适用范围、共性规定、与其他规范的关系等。总则给出了高速公路改扩建交通工程及沿线设施设计应遵循的几个基本原则，包括：

(1)“安全合理”、“经济适用”、“资源节约”、“因地制宜”；

(2) 在调查和评价的基础上做总体设计；

(3) 充分利用既有设施；

(4) 开展临时交通工程设计。

这些基本原则的具体内涵已体现在各条中。

1.0.1 为规范和指导高速公路改扩建交通工程及沿线设施设计，合理利用既有设施，完善临时交通工程及沿线设施设计的相关规定，制定本细则。

本条给出了《细则》的编制目的。现行《高速公路交通工程及沿线设施设计通用规范》(JTG D80)、《公路隧道设计规范》(JTG D70) 等规范对交通工程及沿线设施，隧道交通工程及附属设施的设计均给出了较为系统的规定，这些现行规范对高速公路交通工程及沿线设施的设计规模、设计标准、设计方案等的规定同样适用于改扩建工程。只是改扩建工程涉及一些具体问题，现行规范的规定不可能面面俱到，如改扩建工程中遇到一些既有交通工程及沿线设施的改造和再利用的方案及相应的技术标准、改扩建工程中难以回避的临时交通工程及沿线设施的设计等，这些都是改扩建工程中遇到的新问题。随着我国目前改扩建工程越来越多，这些问题越来越突出，也显得非常迫切，有必要针对这些突出问题制定一部专门的规范加以规定。《细则》针对高速公路改扩建工程，对改扩建工程中涉及的一些具体问题进行补充规定，可以视作现行《高速公路交通工程及沿线设施设计通用规范》(JTG D80)、《公路隧道设计规范》(JTG D70) 等规范的补充。

考虑到改扩建工程是在原有路线走廊带的基础上进行改扩建，线形标准等方面毕竟不同于新建高速公路，因此针对高速公路改扩建工程以及改扩建以后的八车道高速公路的具体特点，对涉及交通安全的方面做出一些专门的规定。强调安全是《细则》的一大特点。

1.0.2 本细则适用于高速公路改扩建交通工程及沿线设施的设计。

本条规定了《细则》的适用范围，适用于高速公路改扩建工程中配套的对既有公路的交通工程及沿线设施进行改扩建的情形。事实上，交通工程及沿线设施的改扩建包括很多种情况，比如：

(1) 高速公路改扩建中对其交通工程及沿线设施进行相应的改扩建，即《细则》适用的情形。

(2) 高速公路主体工程并未改扩建或并未全线进行加宽改扩建，但随着交通量的增长，为满足安全、运营管理和服务的需要，对全线交通工程及沿线设施进行改造、加强、扩容、升级、翻新等，或者可称其为“交通工程及沿线设施自身的改建或扩建”。

(3) 高速公路主体工程没有大的变动，但由于路网的加密导致沿线增设了部分枢纽互通或互通式立体交叉；或由于安全、通行能力等原因对局部路段的平纵线形进行调整，由于线形变化导致全线交通工程及沿线设施的相应改造、加强、扩容、升级、翻新等，通常将其归于养护设计范畴。

此外还有很多种情况，在此不一一枚举。由于交通工程及沿线设施多采用“一次设计、分期实施”的建设方案，因此在运营过程中，交通工程及沿线设施本身不断地进行着系统维护、完善和升级改造。针对如此众多的改扩建情形，《细则》不可能全部覆盖。严格意义上，《细则》的适用范围仅限于上述（1）的情形。至于（2）、（3）等其他情形，如果工程实际情况与《细则》中的条件相同，《细则》的内容虽然没有完全涵盖这些方面，但相关设计指标方面的规定是适用的。

1.0.3 高速公路改扩建交通工程及沿线设施设计应满足“安全合理、经济适用、资源节约、因地制宜”的要求。

本条规定与《关于高速公路改扩建工程中有关技术问题处理的若干意见》(交公路发〔2013〕634号)所提倡的高速公路改扩建应遵循的“统筹规划、兼顾长远、注重实效、指标合理、节约资源、绿色环保、科学组织、安全实施”的原则相一致，同时考虑到设计阶段的侧重点以及交通工程及沿线设施的改扩建特点，制定高速公路改扩建交通工程及沿线设施设计应满足的基本原则和要求。

“安全合理”包含了“安全实施”和“指标合理”两个意义。作为改扩建工程，“安全”本身包含两个方面：既要保证建成通车后的运营安全，也要保证改扩建实施期间工程的施工安全和通车安全。选用合理的指标主要应结合改扩建工程的特点，作为改扩建工程，从技术经济角度考虑，对既有设施应加以充分利用，因此如何合理把握各项技术指标是极为重要的问题。《细则》坚持这样一个原则：涉及安全方面的技术指标不降低，涉及材料再利用的，其使用寿命、外观等方面不做过严的规定，体现改扩建的特色。

“经济适用”体现在对改扩建工程一些涉及建设规模、关键技术标准和指标的掌握上，贯彻经济适用的原则，不提倡贪大求洋，不赞成为了过于强调路容的美观而导致大量既有工程被拆毁，造成浪费。

“资源节约”在交通工程的改扩建中地位十分重要。高速公路改扩建面临着大量既有设施的再利用问题。这些设施虽已陈旧，但仍有一定的实用功能，弃之可惜，应在确保使用功能的前提下对之加以充分利用。本着“资源节约”、“绿色环保”这一宗旨，《细则》对既有交通工程及沿线设施再利用的方法、工艺、技术指标等做出了建议性规定。

“因地制宜”在改扩建工程中应得到较好地执行。不同的高速公路改扩建工程，其交通工程及沿线设施的再利用方法各有不同，应充分结合项目的实际情况，结合改扩建工程的交通组织方案来具体实施。

1.0.4 高速公路改扩建交通工程及沿线设施设计应在对既有公路开展调查与评价的基础上，结合主体工程改扩建方案进行，其总体设计应与主体工程的总体设计同步进行。

在对既有公路开展调查与评价的基础上开展设计是改扩建项目与新建项目的显著差异。与新建项目不同，改扩建项目的公路一般设计较早，当时由于设计水平、技术条件等的局限，在通车以后难以避免地存在一些不足之处。经过几年的通车运行，积累了大量的经验教训，这些经验教训对于改扩建工程的顺利实施极为关键。

通过对既有公路通车以来运营状况的调查与评价，可以深入分析原设计的得与失，在改扩建设计中采取针对性的措施，改造既有公路的不足。尤其在安全方面，事故率相对集中的局部路段，往往有其深层次的原因。通过调查与评价，深入分析事故原因，并在改扩建设计中予以改造，是改扩建设计的重点和难点之一。

1.0.5　高速公路改扩建工程应充分利用既有公路的交通工程及沿线设施。

本条体现了高速公路改扩建交通工程及沿线设施设计应遵循的“既有设施再利用”原则。

1.0.6　高速公路改扩建工程施工期间维持通行时，应根据交通组织方案开展临时交通工程及沿线设施设计。

临时交通工程及沿线设施设计是改扩建工程设计的重要内容，也是改扩建工程的一大特色。临时交通工程及沿线设施设计的相关要求是《细则》的一项重要内容。

临时交通工程及沿线设施的设置目的是满足改扩建工程施工期间的临时通车和施工安全双重需要。通常“保通”和“施工”是一对矛盾，要想最大限度地满足“施工”，就得牺牲“保通”，反之亦然。具体采取什么样的交通组织方案，应在项目建设方案论证时，尤其是项目可行性研究时进行交通组织方案研究和交通组织设计，根据交通组织设计方案确定的改扩建实施计划进行项目施工各阶段配套的临时交通工程及沿线设施设计。

1.0.7　高速公路改扩建交通工程及沿线设施设计应在满足安全和使用功能的条件下，积极稳妥地采用新技术、新材料、新工艺、新产品，落实节能减排的相关规定。

1.0.8　高速公路改扩建交通工程及沿线设施的设计除应符合本细则的规定外，尚应符合国家和行业现行有关标准的规定。

《细则》是现行《高速公路交通工程及沿线设施设计通用规范》(JTG D80)和《公路隧道设计规范　第二册　交通工程与附属设施》(JTG D70/2)共同的下位规范，是上述两本规范中关于改扩建项目的补充和详细规定。无论是新建工程还是改扩建工程，既然是高速公路，其交通工程及沿线设施的设计规模、技术标准都应满足《高速公路交通工程及沿线设施设计通用规范》(JTG D80)的规定；其隧道交通工程及附属设施的设计规模及技术标准也应满足《公路隧道设计规范　第二册　交通工程与附属设施》(JTG D70/2)的相关规定。《细则》是在满足这两本规范的前提下，对改扩建工程中涉及的具体细节，尤其是对既有设施的再利用和临时交通工程设施等做出补充规定。从另一个角度看，可以认为两本上位规范侧重结果，《细则》侧重过程。高速公路改扩建设计应将几本规范结合起来，才能保证改扩建设计的正确性。

2 术语

《细则》有两条术语，均为高速公路改扩建工程中经常用到的涉及交通工程及沿线设施的专用术语。

2.0.1 临时交通工程及沿线设施 temporary traffic engineering devices

为维持高速公路改扩建期间的路网分流、路段通行保障以及正常施工作业而临时性设置的安全设施、管理设施、服务设施、隧道交通工程与附属设施的总称。

本术语采用列举法解释。

高速公路改扩建工程往往需要设置大量的临时交通工程及沿线设施。临时交通工程及沿线设施具有交通工程及沿线设施的一般属性，同时具有临时设施的性质。其设计及施工有以下特点：

(1)种类繁多、用途多样

临时交通工程及沿线设施包括安全设施、管理设施、服务设施等，其用途也是多种多样。有时一种设施同时具有多种用途。

(2)时效不长、即时拆卸

临时交通工程及沿线设施的这一特性使得其在设计使用寿命和安装工艺等方面具有一些不同于其他交通工程及沿线设施的特性。比如：临时交通工程及沿线设施的使用寿命通常以满足改扩建工程施工期为限，与其他交通工程及沿线设施需要很长时间不同。同时，改扩建过程中需要根据施工的不同阶段对临时设施进行拆卸和调整。有时将设施安装在公路的一侧，待相关分部工程完成后，又需要将其拆除，再安装到另一侧。

(3)多受局限，灵活变通

临时交通工程及沿线设施由于安装条件受到诸多限制，需要采取多种措施进行灵活变通。如路侧边坡挖除时需要在中央分隔带上设置临时的交通标志，这些交通标志包括高速公路出口预告等，其对施工期间的通行保障极为重要。但由于中央分隔带宽度限制，无法将该类标志按照现行规范做得很大，需进行一定程度的变通，其基础设计也不可能像其他交通标志那样采用混凝土基础。

临时交通工程及沿线设施可以按照以下方法进行分类。

(1) 按照功能或设置用途，可以将其分为以下三类：

①用于分流的临时交通工程及沿线设施。主要包括在改扩建工程施工期间，为了控制主线交通量，需将部分交通流分流到区域路网中的其他公路上去。为了顺利地实现分流，需要在各分流的节点设置相应的临时交通工程及沿线设施。包括临时交通标志，临时隔离设施，临时信息发布设施，如广播电视网络等公共媒体以及临时监控设施等。

②用于保通的临时交通工程及沿线设施。包括主线上全线连续设置的临时护栏、临时交通标志等，其主要设置目的是保证改扩建工程不中断交通路段的通行。保通设施设计标准应和保通路段的保通设计车速相适应。

③用于施工安全保障的临时交通工程及沿线设施。该类设施包括施工场地围栏、临时的封闭隔离设施、夜间临时照明设施等。

实际上这些设施的分类不是绝对的，往往一些临时交通工程及沿线设施同时具备以上两种或三种用途。在此种情况下，以设置最初目的或主要功能来区分。

(2) 按照专业特征，可以将其分为以下三类：

①临时安全设施

包括临时交通标志标线、临时护栏等。

②临时服务设施

包括临时加油站、临时厕所等。

③临时管理设施

包括临时监控设施、临时通信设施、临时收费设施、临时供配电照明设施等。

(3) 按照时效长短，可以将其分为以下两类：

①仅作临时用途的设施

该类设施仅仅在改扩建工程施工期间发挥作用，待改扩建工程完工后拆除。该类设施往往较多采用改扩建中拆除的原路设施，加以改造、发挥临时作用。

②同时具备临时和长远用途的设施

该类设施一般采用专门制作，制作完成后先将其作为临时设施发挥作用，待相应的改扩建部分工程完成后，对其进行适当改造，再用作通车后安装的交通工程及沿线设施。该类设施的设计寿命应按一般交通工程及沿线设施考虑。

2.0.2 改扩建施工交通组织 the traffic organization for reconstruction and extension work

保障改扩建工程施工期间既有公路及周边路网能维持一定的通行条件和服务水平的交通组织工作。

交通组织是一项工作，涵盖了交通组织的规划与设计、交通组织施工、交通组织管理等。交通组织是改扩建工程的一项关键工作，主要包括改扩建项目总体方案研究论证阶段的交通组织总体方案设计、改扩建工程初步实施和施工图阶段的交通组织设计以及工程施工阶段的交通组织施工与管理工作。

交通组织设计的阶段包括：项目可行性研究阶段的交通组织方案研究、初步设计阶段的交通组织设计、临时交通工程及沿线设施设计、施工图阶段的临时交通工程及沿线设施设计。其中临时交通工程及沿线设施设计属于交通工程设计内容，《细则》对其设计内容、设计标准和设计原则做出规定。具体设计应当符合交通组织方案的需要。

交通组织设计的内容包括：区域路网的交通组织、路段交通组织、交通组织的应急保障、交通组织的管理等。

交通组织是集交通规划、交通管理等于一体的系统工程。具体交通组织的规定不在《细则》范围内。

3 既有公路调查与评价

3.1 一般规定

3.1.1 高速公路改扩建设计应对既有公路交通工程及沿线设施进行全面调查与评价，调查与评价的结果应满足设计的需要。

《高速公路交通工程及沿线设施设计通用规范》（JTG D80—2006）（以下简称《通用规范》）中，对于新建的六车道、八车道高速公路的交通工程及沿线设施设计标准均进行了一定的技术规定。由于与主体工程相比，交通工程及沿线设施建成后所要发挥的职能更为复杂、多变，与道路交通安全、交通流流动状态的关系更为紧密，且其承载交通流的特征也不明确，因此，在《通用规范》中几乎无法对各种工况下相应的技术标准做出准确的描述，也只能对一般的、常规的情况做出约束。改扩建的情况则不同，经过多年的营运，对高速公路服务对象的交通需求已经有了一定的数据积累，既有公路交通工程及沿线设施的适应程度也得到了一定检验，因此，对既有公路现有交通工程及沿线设施进行调查与评价就显得尤为重要。全面的调查和准确的评价不仅可以对现有设施的利用情况做出判断，同时，还可以使设计人员正确制订设计方案，可以说，对既有公路现有交通工程及沿线设施进行调查与评价，决定着改扩建设计的成败。《细则》之所以在一般规定中做出明确的要求，就是为了强调改扩建高速公路与新建高速公路交通工程及沿线设施设计的差别。

3.1.2 调查可采取资料收集、现场勘察、检测、问卷、座谈等形式。

高速公路运营管理中，由于突发事件较多，管理归口部门较多，管理人员流动性较强，其资料统计工作往往不够规范。从已有改扩建项目外业调查中发现，相当数量的数据是没有记录的，但现场管理人员可以对很多情况做出较为准确的描述，这些资料都会对设计工作产生较大的帮助。《细则》在这里强调调查形式，正是针对上述现象，明确调查形式的多样化，也是对调查工作重要性的强调。

3.1.3 应调查既有公路交通工程及沿线设施的现状，结合运营过程中存在的问题、运营管理部门及公路使用者的需求，对其可利用性做出评价。评价宜定性与定量相结合，可采用符合性评判、专家评议等方法。

根据调查资料做出较为准确的评价，是高速公路交通工程及沿线设施改扩建设计的基础。其可利用性，不仅是指设施的结构技术指标，还包括设施的功能性指标。从已有改扩建项目设计过程中发现，由于统计资料的限制和现场情况的复杂，很难做到完全的定量评价，考虑到改扩建工作的规范性还有待逐步完善，故《细则》建议采用定性和定量相结合的评价方法。

3.2 调查

3.2.1 应收集项目改扩建工程的可行性研究报告、项目改扩建工程的主体工程设计资料、既有公路的安全性评价报告等。

3.2.2 应收集既有公路交通工程及沿线设施竣工文件、系统升级改造竣工文件、专项改造竣工文件、设备维护更新记录或其他相关资料，并应对相关内容进行现场核实。

3.2.3 应收集至少前3年的下列相关运营数据：

1 交通量，包括互通式立体交叉之间的主线断面交通量、各收费站出入口交通量等。

2 交通组成，包括主线断面及收费站出入口的交通组成。

3 气象资料，包括对公路交通造成影响的气象数据。

4 交通事故资料，包括事故位置、事故原因、事故人员伤亡和财产损失、事故处理、后期运营改善情况等相关记录。

5 隧道环境数据，包括隧道洞外亮度、洞内照度、洞内能见度和一氧化碳实际浓度等信息。

对于高速公路设计而言，交通流数据是非常重要的基础数据，不仅直接影响交通工程及沿线设施的设计方案，而且是主体工程设计方案的基础。尤其是对于收费站广场的设置方案、隧道管理设施设计方案等，交通流数据都起着决定性的作用。

由于新建高速公路是建立在预测交通量的基础上，虽然预测数据对交通流总体规模和大致特征给予了描述，但由于预测工作的局限性，其数据往往难以准确描述交通流的局部特点，如交通流在某个互通式立体交叉的季节性、时段性、客货比等，在某段主线上的行驶状态，在某段道路上的事故率，某段道路特殊气象状况的变化等，而这些数据，往往直接影响到设计方案和管理方案，尤其是隧道环境数据，由于设计阶段隧道尚未形成，新建项目难以测量相应指标，都只能按照一般性规定指标进行设计。

改扩建项目由于经历了多年营运，一般来讲，都会有一定的数据积累。如果能够根据实际的交通流数据进行分析，将会大大提高方案与实际情况的吻合程度。但实际项目操作过程中，由于管理单位管理水平参差不齐，很多数据统计工作并没有开展，不易收集到完整的有价值的数据。《细则》建议尽量进行数据收集工作，在有数据收集条件的区段，按照实际数据情况确定方案，没有数据收集条件的区段，则建议按一般性指标处理。

3.2.4 应调研相关单位对既有交通工程及沿线设施使用效果的评价、对各设施设置情况的反馈意见和其他需求，以及对改扩建的建议。应了解下列内容：

1 运营管理机构现状及运营管理需求。

2 既有交通工程及沿线设施的建成年份，系统升级改造、专项改造的年份及主要改造内容，设备更新维护等情况。

3 发生过重大交通事故的路段、事故率偏高和经常出现交通拥堵路段的基本情况，以及后期采取的改善措施。

4 既有设备及设施的规格型号，其功能、规模和位置适用性情况。

5 安全设施：既有护栏、标志、防眩设施、隔离设施等的适用性情况。

6 监控设施：既有监控系统软件使用情况、数据和图像传输及存储方式、外场设备供电方式等情况。

7 收费设施：各收费站收费车道数量适用状况及存在的问题等。

8 通信设施：光纤数字传输设备的规格、接口使用情况、与相邻高速公路及上级联网中心的通信联网情况，语音交换设备的使用容量，紧急报警设施及广播系统的方式，视频会议系统的设置，光缆预留数量，通信管道的使用及租赁等情况。

9 供配电照明设施：变电所适用情况、柴油发电机等备用电源所带负荷及使用频率、电力监控系统配置、隧道运营电费及节能措施、照明光源配置及运营等情况。

10 隧道风机设置及运营、当地消防救援机构的设置、消防设备的配置及使用，以及隧道火灾等情况。

11 服务设施：停车、加油、如厕、餐饮、汽车维修、购物、住宿等设施的使用情况。

12 房屋建筑：既有建（构）筑物的建设规模，水、暖、电、环保等配套设备的使用情况。

高速公路交通工程及沿线设施，是为高速公路使用者和高速公路管理者服务的设施，是协助高速公路进行管理的具体手段。尽管对于所有的工程内容，《通用规范》都做出了必要的规定，但使用过程中，仍然会存在这样那样的问题。由于相当部分问题不是原则性的问题，且每个项目不尽一致，因此在统计资料、运维记录中都不会体现，但道路使用者和管理者都会在运营过程中有一定的感受和体会。《细则》认为这类问题也属于改扩建工程应该考虑的范畴，只有这样才能体现出高速公路精细化、人性化的服务管理。由于上述条文中的内容涉及整个高速公路运营管理的规范问题，鉴于目前国家还未确定出统一明确的高速公路管理规程，《细则》中仅对主要内容提出要求，具体细节由设计人员根据道路状况具体掌握。

对既有公路安全设施的调研主要涉及既有护栏、标志、防眩设施和隔离设施等，应对护栏原设置情况、防护等级的选择进行调研，确定其是否满足现行规范《公路交通安全设施设计规范》（JTG D81）及《公路护栏安全性评价标准》（JTG B05-01）的规定。应对标志设置位置和版面信息是否满足改扩建的加宽方式和改扩建后的路网需求进行调研。防眩设施主要调研双侧加宽情况下是否满足防眩要求。隔离设施主要调研分离加宽情况下是否满足隔离要求。

3.2.5 应结合收集的资料及座谈的情况进行现场调查，了解系统运营及既有设备的情况，包括功能状态、锈蚀、老化和损坏情况。现场调查可采用拍照、录像、询问交流相结合的方式进行，应主要了解下列内容：

1 护栏设置类型及规格，护栏板规格，中央分隔带侧向净空，标志、标线的位置及内容，隔离栅、防眩设施、防落网的形式和规格等。

2 监控中心、分中心的整体布局，计算机系统的软件功能，闭路电视系统的传输、存储方式及容量，显示屏的规格、显示方式，不间断电源的规格和配置容量以及已用容量情况，信息发布设备的位置和显示效果，外场设备的设置等。

3 收费站监控室的整体布局，计算机设备、内部对讲和安全报警系统等容量、使用效果、收费软件功能，闭路电视系统的传输、存储方式及容量，显示屏的规格、显示方式；收费广场的整体布局，包括出入口车道数量、复式收费车道、计重收费车道、ETC 收费车道、无人值守收费车道等；各收费车道的设备配置等，计重收费设备的使用情况及复检的比例。

4 光纤数字传输设备的规格型号、等级、端口配备、扩容能力、与相邻高速公路的通信网连接情况，语音交换设备的规格型号、已用容量、扩容能力、端口配备情况，紧急报警系统的设备配备情况。

5 供配电照明设施的变压器、柴油发电机、高低压柜的型号及规格，照明设备的使用情况，隧道照明效果，隧道风机、消防设施的完好情况及扩容条件。

6 服务区、停车区的整体布局及各类服务设施的运营状况。

7 各站区房屋建筑的整体布局，建（构）筑物、水、暖、电、环保设备、管网的运营状况及改扩建条件。

《细则》总则 1.0.3 条中明确指出，高速公路改扩建交通工程及沿线设施设计应满足“资源节约”的要求，1.0.5 条中明确，高速公路改扩建工程应充分利用既有公路的交通工程及沿线设施。原有设施的再利用设计，是《细则》的核心内容。

原有设施再利用时，既要满足高速公路规范要求，又要考虑现有设施的状况，因此充分的调查是非常必要的。本条作为对调查对象的总体要求，对可能利用的主要对象进行了罗列，旨在突出这些内容的重要性，外业调查时应给予重点排查，尽量做到定量分析。

护栏部分主要调查既有护栏的设置类型及截面结构尺寸，如对于波形梁护栏的现场调查应包括立柱的管径、厚度，护栏板的厚度，防阻块的变形以及腐蚀面积、位置等情况。中央分隔带侧向净空主要调查在特定加宽方式下，是否满足现行规范规定。标志部分主要调查原标志版面尺寸、字体规格、信息的选择，采用的结构形式等；隔离栅、防眩设施、防护网主要调查其形式、具体规格尺寸、设置位置，如果附着或与其他设施连接，还需了解具体的连接方式等。

3.2.6 对下列路段，除应按本细则第3.2.5条的规定进行调查外，尚应结合地形条件、构造物、路基高度、公路绿化等情况，调查安全、监控、照明等设施对特殊通行条件的适应性及存在的问题：

1 设有避险车道、爬坡车道、紧急停车带、降温池等的路段。

2 平曲线、竖曲线半径小于一般值的路段、视距不佳路段。

3 特大桥及大桥路段。

4 特长隧道及长隧道等大型构造物出入口路段。

5 限速值低于其他路段的局部路段。

6 事故率偏高及经常性拥堵路段。

7 气象灾害常发路段。

3.2.7 应收集相连接高速公路交通工程及沿线设施的配置情况。

与改扩建高速公路项目相连的高速公路，作为项目在高速公路网络上的延伸，应确保交通工程及沿线设施的一致性和连续性，尤其是管理设施和服务设施的提前预告等内容。改扩建设计时，应对相连高速公路进行必要的调查。

3.3 评价

3.3.1 应根据调查成果，对既有公路交通工程及沿线设施的使用效果、改造和再利用的可行性做出分析评价。

改扩建工程不同于新建工程最显著的特点之一就是在现有高速公路上进行，需要与现状结合，为充分利用资源，必然涉及现有设施系统的再利用。这就需要对既有公路交通工程及沿线设施进行调查与评价。目前全国还没有统一的评价方法及标准，在具体项目中还要依靠技术人员根据实际情况和经验综合判定，本条主要为了强调对既有公路交通工程及沿线设施评价的重要性。

3.3.2　评价应从符合现行标准的相关要求、保障通行能力和服务水平、满足改扩建后运营需求，以及资源再利用等角度进行。

鉴于国内目前尚无明确的评价办法和规定，因此本条列举部分评价内容以供参考。

3.3.3　应根据改扩建后运营管理的需求，明确对管理机构和管理模式进行调整的必要性。

对于管理体制，改扩建设计时原则上避免进行大的调整，也不排除随着管理现代化技术手段的提高所带来的管理体制的变革。如对于一些区域高速公路成网的地区，客观上存在以区域路网联网监控替代单条路段监控的需求。但《细则》主要侧重于高速公路改扩建本身所带来的交通工程系统的相应改变，如果出现监控分中心的撤并或划转，应进行相应的方案设计。

3.3.4　应根据调查结果，对下列安全设施状况给出初步评价与建议：

1　护栏的设置与现行标准规定的符合性。

2　护栏材料利用的必要性。

3　标志板面及结构支撑材料利用的必要性。

4　隔离栅、防眩设施、防落网等利用的必要性。

这些评价结论对于制订改扩建总体设计方案十分重要，因此应做深入地研究分析。安全设施材料再利用的必要性可通过材料回收价值、再利用翻新的费用、环保效益、投入产出比等各方面进行综合判定。不同的项目其判定标准是不同的，不能照搬。比如有的改扩建工程附近就有一条地方公路在施工，如果将既有安全设施拆除后，直接在另一条地方公路上利用可能经济效益更佳，就没有必要在本项目中进行改造利用。

对于护栏，主要评价既有护栏的设置标准（如适用条件、防护等级等）是否满足现行规范《公路交通安全设施设计规范》（JTG D81）的要求，是否满足《公路护栏安全性能评价标准》（JTG B05-01）的要求，护栏立柱和护栏板的规格、材料性能等的情况；对于标志，主要评价既有标志版面、字体大小、信息选择、结构形式、材料能否满足改扩建后的需求；除对材料本身评价外，隔离栅主要评价分离加宽情况下的可利用程度，防眩设施主要评价双侧加宽情况下的可利用程度，防护网主要评价其在桥梁护栏改造后的可利用程度。

3.3.5 应根据现行标准结合运营管理的需求，对既有公路监控、收费、通信、供配电照明、通风消防等设施的技术水平、可靠性、再利用的可行性及扩容能力等进行评价。

随着科技的进步，高速公路机电产品和应用技术也日新月异，根据以往高速公路改扩建工程的经验。改扩建后很长一段时间内，机电设施的运维经费是十分有限的，一般不会再立项对一些主要设备进行更换，因此，在改扩建设计时，为保证高速公路机电系统的稳定性、适度超前性，对既有机电设施从技术水平、可靠性、可利用性及扩容性等角度进行评价是十分必要的。

3.3.6 应对停车、加油、如厕、餐饮、汽车维修、购物、住宿等设施的扩容能力及再利用的可行性进行评价。

3.3.7 应对建（构）筑物及场区绿化、环保、消防等配套设施的扩容能力及再利用的可行性进行评价。

4 总体设计

4.0.1 高速公路改扩建交通工程及沿线设施的总体设计应根据对既有公路调查与评价的结论，并结合主体工程改扩建方案进行。

本条规定了总体设计两个最基本的输入条件：一个是对既有公路调查与评价的结论，另一个是主体工程改扩建方案。

对既有公路调查与评价的结论可以帮助设计者充分认识公路在安全、服务和管理等方面存在的问题和不足，使改扩建总体设计能够从全局的高度把握重点，进行针对性设计，而不至于单纯地停留在将车道数增加这一简单的层面上。

交通工程及沿线设施的总体设计是高速公路改扩建工程总体方案设计的重要组成部分，因此，必须与主体工程的改扩建方案有机结合，针对不同路段、不同工点的具体改扩建方案制订相应的交通工程及沿线设施配套方案。同时，有些路段交通工程及沿线设施的方案甚至影响到主体工程改扩建方案的选择，在这种情况下，交通工程及沿线设施设计人员应主动参与主体工程改扩建方案的制订，从公路的安全、管理和服务等角度提出需求，尽量使主体工程的设计为交通工程及沿线设施的布设提供最大的方便，如服务区的位置选择、收费车道的改扩建、部分事故率较高路段的线形优化方案等，交通工程及沿线设施设计人员应积极介入。

4.0.2 总体设计应与主体工程的总体设计同步进行，应包括交通工程及沿线设施改扩建的主要方案及方案比选、结合项目特点针对交通安全和节能环保等目标拟采取的具体应对措施、既有设施再利用方案、临时交通工程及沿线设施的设计内容及主要方案、交通工程及沿线设施的造价测算等。

本条通过列举法主要规定了交通工程及沿线设施总体设计中不可缺少的必要内容。条文中规定，“总体设计”中应当包含而不限于这些内容。不同的改扩建工程其总体设计需求不一样，但一般情况下这些内容不可或缺，不同的项目在此基础上还应结合自身特点增加各自内容。

总体设计在高速公路改扩建交通工程及沿线设施设计文件中是重要一章，这些内容有些是用图表表示，有些内容可以在设计总说明中体现。具体表达方式视项目情况而定。

应该指出的是作为新建项目，其交通工程及沿线设施也应有总体设计，总体设计的内容应满足相关规范和行业标准的规定。《细则》只是针对改扩建的具体特点，额外强调总体设计中还应体现的部分内容。特别是结合调查与评价结论对既有公路的现状及存在的问题进行深入研究，从中发掘对既有公路交通工程及沿线设施进行优化和改造的重点内容。

与新建项目不同，改扩建项目的交通工程及沿线设施设计具有即时性、阶段性、设计周期更长等特点，和主体工程施工存在相互交叉的特征更加明显。在项目实施前，就需要对既有的设施进行迁改和保护，并实施临时交通工程及沿线设施，在主体工程施工期间，交通工程及沿线设施还要配套为施工和通行保障提供服务，在建设后期，部分临时设施还需拆除改移或改造，并实施交通工程及沿线设施。有时上一阶段的施工方案确定后才可确定下阶段交通工程的具体实施方案。

4.0.3　制订交通工程及沿线设施的总体设计方案时，应综合考虑主体工程的设计方案、既有公路的安全性评价结果和改扩建交通组织方案等因素。交通工程及沿线设施的设计指标不宜低于相同技术标准的新建高速公路。

该条再一次强调了制订总体设计方案时应着重考虑的一些因素。

因改扩建工程是在既有公路上进行改造和扩容，因此路线、路基路面、桥涵隧道、互通式立体交叉等方面难以避免地要因地制宜，不可能像新建工程那样进行全新的设计，最终难免使其行车舒适性等方面较之新建工程有一些不足。这些不足是可以接受的，因为假如按照建设一条全新高速公路的标准对既有公路进行大规模的拆除和改建，经济性肯定较差。在此情况下，为保证行车安全，改扩建交通工程及沿线设施设计指标就不能过低，因此，规定其设计指标不宜低于新建项目。这些指标包括很多内容，比如安全设施宽容度设计、护栏的防撞等级、标志视认性、监控外场设备的规模、服务设施的设置规模、隧道通风照明及监控的技术指标等。

4.0.4 服务设施、房屋建筑、收费广场、通信管道等应与主体工程设计协调考虑，相互配合。

本条规定主要针对主体工程设计，应对相应的预留预埋做出通盘考虑。正确的做法是交通工程及沿线设施设计应及早介入主体工程的总体设计，并提出相应的需求，使主体工程在制订总体设计方案时及时考虑，比如服务设施、房建区场地平整设计时与主体工程统一制订土石方调配方案，通信管道设计时与路面、隧道等专业做好协调。

4.0.5 总体设计应对既有公路交通工程及沿线设施的建设年份、升级改造工程、专项改造工程、设置等级、设置规模、存在的主要问题等基本情况加以说明。

本条指出总体设计说明中应交代的一些主要事项。通常这些内容在对既有公路的调查与评价结论中已经很明确，但这些外业资料除应作为交通工程及沿线设施设计输入材料加以归档保存以外，还应在设计说明中加以描述，以对总体设计方案提供有效支撑。

4.0.6 总体设计应包含下列内容：

1 管理养护机构和管理模式的设置和调整方案。

2 安全设施的设计原则及设计方案。

3 监控设施的设计原则、监控等级、设计规模、系统构成等。

4 通信设施的设计原则、通信网构成、各子系统方案，通信管道改造原则及改造方案等。

5 收费系统的设计原则、收费制式和收费方式调整、收费站点布设及收费车道数量调整、收费系统构成及功能等。

6 供配电系统的设计原则、标准、技术要求及供电方案等；照明系统的设计原则、标准及技术要求，照明区段的布设位置和功能等；隧道通风的设计原则、通风方式及技术要求等；隧道消防的设计原则、设计方案及技术要求等。

7 服务设施的总体布局方案，包括服务区、停车区新建和原址扩建的比选等。

8 房屋建筑的改造、扩建方案。

9 交通工程及沿线设施推荐方案的主要工程规模、工程造价。

本条列举了总体设计的主要内容。这些内容同样也是在满足现行标准规范对总体设计内容的要求基础上，针对改扩建项目另外提出的内容要求。

4.0.7 总体设计时，应根据既有公路的安全性评价结论，结合主体工程改扩建设计方案，对下列路段提出针对性的设计方案：

1 对长大纵坡路段、平曲线或竖曲线半径小于一般值的路段等，提出安全设施、行车速度、监控设施等综合整治对策。

2 对分合流路段、特大桥及大桥路段，应根据对通车以来交通拥挤、事故的分析，提出增设警告标志、标线渠化、局部照明等综合整治对策。

3 对地质、气象灾害多发等路段，提出紧急救援、灾害预警、通行保障等综合整治对策。

这些内容为改扩建工程中特有的，是应在总体设计时予以重点考虑的问题。这些问题应在总体设计阶段提出，并在各专业具体设计时予以落实。

对线形条件较差的路段提出的整治对策包括：提高护栏的防撞等级、增设防滑标线，增设警示标志，设置一些提醒减速慢行或提醒驾驶人注意安全的其他告示牌，对行车速度提出建议性方案，增加监控、诱导等设施等。具体采取何种措施和手段应结合该路段既往发生事故的成因进行分析，针对事故原因采取对策，不能盲目地增加设施。

高速公路改扩建时，对于通车以来事故率明显偏高的路段，首先应分析事故成因。既然一个特殊路段事故率明显高于其他路段，事故原因除驾驶员的过失以外，必然存在其他方面的诱因。交通工程人员应从人、车、路、环境等方面进行分析判断，找出事故高发的内在原因并加以源头治理。

人的原因主要包括：疲劳驾驶、超载等。如果人的原因是事故诱因，设计应在管理设施、服务设施等方面提出优化建议。

车的原因主要包括：车况不佳 、大型车混入率与设计值差异较大、危险品等。如果车的原因成为事故诱因，设计应对线形、净空设置、管理设施等提出优化建议。

路的原因主要包括：弯道、超高、路滑、分合流、视线不佳等。其中以视线不佳最为严重。高速公路视线不佳路段并不意味着视距不满足规范，而往往是连续视线非常良好的路段突然接一段通视条件较差的路段，这些路段尽管视距满足规范要求，但由于通视条件突然下降，驾驶人会紧急制动，因此也会成为事故多发地段。有时超高路段设计车速和运行车速差异较大，导致超高值偏大或偏小，也会成为安全隐患。这类属于路的原因可通过线形优化加以解决。

环境的原因主要包括：行车环境不佳、能见度不佳、标志标线指认不清等。

分合流路段、特大桥、隧道路段等应结合通车以来交通状况进行分析。分合流路段由于交通流紊乱，易发生侧撞、追尾等事故，特大桥及特长隧道等路段存在救援困难等不利因素。改扩建设计时应结合调研与评价结论，分析项目中有没有安全隐患，如有则及时予以弥补。

4.0.8 对下列路段应结合主体工程改扩建方案的安全性评价、运行车速分析结论等，提出交通工程及沿线设施相应的补充完善方案：

1 因新增互通式立体交叉导致相邻互通式立体交叉的间距不足 4km 的路段，宜增设图形化指路标志、可变信息标志等安全和监控设施。

2 同向分离路段、不同加宽方式的过渡段，应提出安全、监控设施等强化方案，必要时进行专题研究。

改扩建交通工程设施设计要在充分掌握既有公路事故易发路段资料、事故统计资料、改扩建项目安全性评价报告的基础上，结合主体工程改扩建方案分析对交通安全产生影响的因素，对改扩建项目进行交通安全综合评判，在此基础上做出针对性的补充完善设计。

主体工程改扩建时，首先对事故多发路段进行必要的改善设计，部分路段主体工程改造代价较大时，则考虑通过交通工程设施的完善加以弥补。

本条中“不同加宽方式的过渡段”主要包括：路基段双侧加宽与单侧加宽路段的衔接、不同方向单侧加宽路段的衔接、直接加宽和分离加宽路段的衔接三种方式。

4.0.9　应根据调查与评价结果，通过技术经济比较，确定下列设施的再利用方案：

1　安全设施，包括护栏、标志牌、隔离栅等。

2　管理设施，包括监控、收费、通信、供配电照明设施等。

3　隧道交通工程与附属设施，包括通风、消防、供配电照明、监控等。

4　房屋建筑，包括服务及管理设施中的建（构）筑物等设备、管网等。

再利用一般包括直接利用、改造利用、作为临时设施和作为材料加以利用等方式。在总体设计中应对这些设施的再利用方案进行比选论证，并在比选论证的基础上提出推荐方案。

4.0.10　改扩建施工过程中需要维持通车时，应根据交通组织方案，确定下列临时设施的设计方案：

1　配合交通分流、路段通行保障、施工保障的临时交通安全设施方案。

2　满足改扩建期间基本通信需求的临时通信方案。

3　满足收费广场改扩建期间临时收费需求的临时收费方案。

4　提供如厕、加油等基本需求的临时服务设施设置方案。

临时交通工程及沿线设施是高速公路改扩建交通工程及沿线设施设计的重要内容，在总体设计中应对其进行方案比选论证，并提出推荐方案。

临时交通工程及沿线设施应计入项目的工程概预算。

5 交通安全设施

5.1 一般规定

5.1.1 高速公路改扩建工程应设置完善的交通标志、交通标线、护栏、隔离栅、防落网、防眩设施、轮廓标及防撞垫等安全设施。

交通安全设施是高速公路改扩建工程的重要基础设施，是高速公路改扩建工程设计、施工和后期运营管理中的重要组成部分，对保证行车安全、减少交通事故的发生、减轻交通事故的严重程度、增强道路景观等方面起着重要作用。

防撞垫是设置于高速公路分流处三角区内的一种吸能结构，车辆碰撞时通过自体变形吸收车辆碰撞能量，从而降低碰撞车辆内乘员的伤害程度。高速公路改扩建的实践证明，同向分离起点等路段，事故风险较高，而设置防撞垫，则有利于减少交通事故、降低碰撞严重程度。因此《细则》除包括一般高速公路应该具备的交通标志、交通标线、护栏、隔离栅、桥梁护网、防眩设施、轮廓标等安全设施外，还增加了防撞垫这一新型安全设施。

5.1.2 应根据主体工程改扩建设计方案及既有公路现状、交通量和交通组成、运行速度、交通事故情况、气象环境状况等进行综合分析，并应结合调查与评价进行技术经济比较，确定安全设施设计重点和设计方案。

本条中要求“应根据主体工程改扩建设计方案及既有公路现状”是因为：与新建项目不同，一方面，改扩建高速公路通常已经运行了较长时间，积累了一定的运营资料，这些资料有助于有针对性地改善安全通行条件，应予以充分利用；另一方面，高速公路改扩建后，经常会出现同向分离、集散运行等不同于改扩建前的道路条件和交通组织方式，同时改扩建后车道数增加也造成了车辆运行环境的变化。所有这些变化会带来一些新的影响行车安全的因素，需对其进行综合分析，相应确定新的设计重点和交通安全处理方案。

安全设施设计重点和交通安全处理方案与高速公路交通环境密切相关，且涉及因素较多，需要考虑交通量和交通组成、运行速度、交通事故情况、气象环境状况等。交通量和交通组成主要考虑改扩建后不同阶段和不同路段交通量的预测情况、车型比例，以及不同车型在各车道的分布情况；运行速度主要考虑改扩建后不同的几何线形、车辆和驾驶人特性，以及路侧环境等对实际行驶速度的综合影响，同时，还要考虑不同车道运行速度的分布规律等；交通事故情况需要考虑改扩建前交通事故的分布情况，以及改扩建后整体安全性和改扩建前交通事故分布情况的比较。这些因素主要影响驾驶人对交通标志的识认性，标志设置的密度、位置，以及外侧大型车辆对内侧小型车辆视线的遮挡等方面。由于路基宽度加宽、车道数增加等运行环境的变化，导致事故车辆碰撞护栏的速度、碰撞角度有所变化，路侧护栏和中央分隔带护栏需要对不同车型进行防护。

5.1.3　改扩建高速公路交通安全设施设计应突出系统性，充分考虑驾驶人的出行需求，实现交通安全设施之间、交通安全设施与公路主体工程和其他设施之间的相互协调。

交通安全是一项系统工程，受多方面因素的影响。交通安全设施作为维护高速公路安全、畅通的重要设施，其设计应从系统论的观点出发，综合考虑安全效果。鉴于改扩建工程技术的复杂性与交通安全的特殊性，做出本条规定。

本条中“交通安全设施之间、交通安全设施与公路主体工程和其他设施之间的互相协调”包括标志标线及所体现出的交通组织与管理方式与改扩建高速公路实际运行特点及需求的协同一致；特殊路段用于主动引导、警告的各类标志、标线之间的配合，标志、标线与监控外场设备之间的配合，以及与用于被动防护的护栏、防撞垫的配合等在内的相关内容。

5.1.4　应结合既有公路的安全性评价结果，对发生过重大交通事故或交通事故发生率相对较高的路段进行专项分析论证，提出安全设施的设置方案。

5.1.5　既有交通安全设施再利用时应遵循下列原则：

1　符合现行标准规定，且能满足改扩建后使用需求的，应继续使用。

2　符合现行标准规定，但不能满足改扩建后使用需求的，应进行改造，并经经济技术比较后确定利用方案。

3 难以整体利用的，可将其材料加以利用。

高速公路改扩建工程的加宽有双侧拼宽、单侧拼宽等多种方式，应本着“安全合理、经济适用、资源节约、因地制宜”的理念，结合项目实施的特点，充分利用既有交通安全设施。

对于既有安全设施，符合现行标准规定同时能满足改扩建后使用环境需要的，应继续使用。

对于符合现行标准规定，但不能满足改扩建后使用需要的安全设施，如部分指路标志版面不能满足改扩建后的路网需求，需要重新设计版面，进行贴膜处理改造；标志设置位置不合理，需要进行整体移位方式改造；单侧拼宽的高速公路改扩建工程，既有公路的交通流向发生改变时，护栏板的搭接顺序已经不能满足通行需求，需要搭接方向改造；原上坡方向变为下坡方向时，既有公路护栏防撞等级可能会不满足需要，则需利用既有护栏结构进行提高防撞等级的改造；对于改扩建工程中路面加铺，导致既有护栏高度不能满足要求时，利用既有护栏结构改造提升高度等。以上这些均视为不能满足改扩建后的使用要求而进行的改造，应经经济技术比较后确定利用方案。

对于难以整体利用的，可将其材料加以利用，如拆除的标志进行简单加工改造用作道路施工阶段的保通临时标志；拆除的波形梁护栏立柱和护栏板经处理后重新使用等。

5.2 交通标志和标线

5.2.1 应根据调查与评价结果，结合改扩建后的车辆通行环境、路网条件和交通需求，进行交通标志、标线的改造和新增设计。

与新建项目不同，改扩建项目需要深入调查、总结既有公路交通标志、标线使用过程中的经验，结合既有公路使用者的习惯，进一步对交通标志、标线设置进行梳理和优化。

改扩建后的运行环境具有不同于新建项目的特点，如：同向分离路段、单侧拼宽路段等，其标志、标线设计会有新的需求。改扩建后，出入口数量、位置及沿线设施分布通常也会发生变化，应对路径指引标志，沿线设施指引标志，各类警告、禁令和指示标志，各类标线等统筹考虑，保证信息的连续性和一致性。

5.2.2　交通标志、标线应着重加强下列方面设计：

1　应结合高速公路通车以来标志标线的使用效果，并结合改扩建后周边路网的变化情况，对既有公路的指路标志体系进行必要的调整和完善。

2　对本细则第4.0.6、4.0.7条所涉及的路段，应强化标志、标线综合设计，并可设置诱导设施、缓冲设施等。

改扩建高速公路项目通常位于经济发达地区，周边路网更为复杂。对于改扩建工程应考虑路网变化对驾驶人选择路径的影响，根据改扩建工程在路网中的功能、地位、服务对象选择合适的标志信息。

改扩建工程标志体系的调整和完善，主要涉及入口系列指引标志，包括入口预告标志、入口地点方向标志、高速公路入口标志；行车确认系列标志，包括地点距离标志、高速公路命名和编号标志；出口预告系列标志，包括出口预告标志、出口标志和地点方向标志。改扩建工程的标志布设必须和标线布设统一考虑，保证信息协调一致。同时，标志布设应与监控、通信、收费、供配电、服务设施、房屋建筑、环境等其他沿线设施协调配合，重要信息重复提示、多级预告，应使标志提供的信息及时充分同时又不造成信息过载，确保行车的舒适安全和服务功能完备。

对于长大纵坡路段，应加强交通标志、标线及其他安全设施设计，增强标志标线的指示、引导和警示作用。同时应充分结合各项管理措施，如长下坡路段前后采用区间测速，加大执法力度，从管理角度控制驾驶人采取危险的驾驶方式。加强路面监控，遇紧急情况时，实现快速处置，及时发布事故路况信息等，安全引导车辆安全通过长下坡路段。对于平曲线或竖曲线半径小于一般值的路段、视距不佳路段可采用设置线形诱导标、加密轮廓标、设置纵向减速标线、偏移标线等措施改善。

对于分合流路段，特大桥及大桥路段，特别是同向分离迎向车流方向的三角端头、匝道分岔口等，应增设图形化的警告标示、合理渠化标线，同时，设置防撞垫等缓冲设施。另外，也可通过设置警示弹性分道体，强化对同向交通的隔离。

5.2.3 **对互通式立体交叉间距小于5km的路段，应设置组合出口预告标志。**

互通式立体交叉间距较近的路段交通流运行复杂、信息量大，易分散驾驶人注意力，增加其疲劳度。同时由于车道数较多，内侧车道的车辆驶出高速公路要经过多次变换车道，与其他车道车辆交织点较多、交织距离较长。如果交通标志、标线设置不当，将给驾驶人对指路信息的认读和判断带来困难。因此标志、标线内容及设置的距离对驾驶人在合适的时间内完成识别、认知、判断、行动一系列动作有较大影响。

根据国家科技支撑计划相关成果，在对互通式立体交叉区分合流行为以及出口车辆强制性换道行为、入口车辆自由驶入行为等进行详尽和系统的调查研究的基础上，结合现场调研数据，对互通式立体交叉最小间距的主要影响因素进行分析，考虑改扩建后的通行能力和经济中心通达性的需求，提出互通式立体交叉间距小于5km的路段应作为重点路段。据此做出该条规定。

5.2.4 **改扩建后单向车道数大于或等于4条的高速公路，除应按现行《公路交通标志和标线设置规范》(JTG D82)的规定设置必要的指路标志以外，尚应采取下列措施：**

1 根据需要，可设置车道功能划分的标志或标线。

2 标志支撑形式宜采用门架形式，或在行车方向的左侧增设出口预告、服务区预告等标志。左侧设置标志时，标志信息应与对应的右侧标志一致，在保证视认效果的条件下，可结合净空条件对版面尺寸进行调整。

根据已有调查，高速公路的车辆运行速度依车道从左至右依次呈阶梯性降低。八车道高速公路左侧第一车道运行速度普遍超过120km/h，相邻车道之间的速度差较大，特别是第二和第三车道之间。研究还发现第三、四车道小型车的车速离散性最大，而且外侧两条车道上大、小型车之间运行速度的差值大多在30km/h以上，这是导致多车道高速公路外侧车道事故较为多发的原因之一。因此，改扩建后单向车道数大于或等于4条的高速公路，可设置车道功能划分标志或标线，规范不同车辆行驶范围，减少车辆间的交通冲突。

在靠左侧车道行驶的车辆，驶离高速公路前变换到最外侧车道需要更多的时间，因此需要保证驾驶人读取交通标志信息时视线不被遮挡，并加强对左侧车道行驶车辆的信息预告，提示驾驶人尽早进行换道操作，保证充足的反应时间和行动距离。

门架式标志由于工程造价相对较高且影响景观等因素，其设置受到一定的限制。但门架式标志对于解决路侧标志遮挡问题非常有效，当其他措施均不适用时，需考虑设置门架式标志。特别是在互通进出口交通信息较复杂处，需要将指路信息分层设置。采用门架式标志结构，可以将多个标志设置于同一视觉断面上，避免标志前后遮挡。

5.2.5 交通标志的再利用可通过更换反光膜、更换面板、标志移位、版面内容增删等方法实现，并应符合下列规定：

1 当交通标志的面板、支撑结构和基础均可以直接利用，仅版面内容需调整，或仅逆反射系数达不到规范要求需要调整时，可通过更换反光膜的方法改造。

2 当只需通过移位就可加以利用时，可将既有的标志移位改造。移位可采用纵向设置位置挪移、横向位置挪移、原位置板面高度调整等形式。

3 标志板面再利用时宜整板利用。

高速公路改扩建时，交通标志的改造和利用方法多种多样，《细则》中不一一枚举。有时可将既有交通标志拆开作为材料加以利用，也可以将其用于被交公路上。《细则》仅对交通标志再利用时需注意的一些事项做出专门规定，而对利用的方法和方案不做过多的要求。

5.2.6 交通标志板拼接再利用时，新板和既有板的厚度应一致，且拼缝不得与标志中的图形、文字和重要符号相重合。拼接后的标志板面整体强度不得低于整板。

5.2.7 改扩建时未重新铺筑路面或罩面的路段，当交通流特性发生变化时，应对既有标线重新施划。当交通流特性未发生变化时，既有标线使用状况良好的，可继续使用。

本条规定适用于改扩建的一些特殊情形。如采用单侧加宽，既有高速公路改为单向行驶且保留既有的中央分隔带作为同向行驶的侧隔离带时，应根据横断面各组成部分的调整情况，将标线重新施划。

5.3 护栏

5.3.1 高速公路改扩建工程可对既有公路护栏进行改造或新设护栏。其设计应满足下列规定：

1 护栏的防护等级不应低于现行《公路护栏安全性能评价标准》（JTG B05-01）的要求。

2 应根据既有公路护栏使用状况的调查与评价结果，结合主体工程改扩建方案，统筹确定全线护栏布设方案及各路段防护等级。

3 因主体工程改扩建而产生的同向分离起点、不同加宽方式过渡段等路段，应增设防撞垫等缓冲设施。

本条是在《公路护栏安全性能评价标准》（JTG B05-01）和《公路交通安全设施设计规范》（JTG D81）的基础上，结合改扩建工程的特点提出的额外要求。

高速公路改扩建工程中，可根据现行《公路护栏安全性能评价标准》（JTG B05-01）并结合《公路交通安全设施设计规范》（JTG D81）的要求设计新护栏，也可以对既有护栏结构或材料进行改造利用，但改造后护栏的防护性能必须经过《公路护栏安全性能评价标准》（JTG B05-01）的验证。由于改扩建工程在设计速度、路基宽度、交通量及交通组成、运行速度等方面变化较大，导致交通事故的严重程度有可能增加，基于此，护栏的防护等级不应低于现行《公路护栏安全性能评价标准》（JTG B05-01）的要求。

改扩建工程应对既有公路护栏的设计等级、使用状况、目前实际具备防护等级和对交通量变化的适应性进行调查和安全评价，评价的内容包括既有护栏对现有交通流状况的适应性评价和既有护栏实际具备的防护等级评价两个方面，对现有交通流状况的适应性评价主要根据改扩建前后交通量的大小、不同车型组成对既有护栏提升防护等级的要求以及路侧护栏和中央分隔带护栏的主要防护对象进行评价。既有护栏实际具备的防护等级评价主要是对已使用若干年的既有护栏防护等级的评价，主要评价既有护栏结构材料如立柱间距、埋置深度、波形板厚度、钢材性能、腐蚀程度以及土基压实度等方面对护栏防护等级的影响。根据以上两个方面的评价结果，确定改扩建后不同路段护栏防护所需达到的基本防护等级，进一步提出对既有公路护栏改造提升的目标和既有护栏利用方案。

对于改扩建前事故率相对较高且主体工程设计已做出优化调整的路段，如平纵横指标已优化的路段等，需结合既有路段发生车辆碰撞护栏事故的严重程度，并根据《公路护栏安全性能评价标准》（JTG B05-01）确定护栏采用的防护等级。路基护栏防撞等级适用条件的规定见表 5-1，根据路侧状况选择合适型式。

表 5-1　路基护栏防撞等级适用条件

公路等级	设计速度(km/h)	车辆驶出路外有可能造成的交通事故等级		
		一般事故	重大、特大事故	二次事故、特大事故
高速公路	120	A、Am	SB、SBm	SS
	100、80			SA、SAm

对改扩建前事故率相对较高，主体工程设计限于客观条件未改造彻底的路段，应分析既往发生的事故与护栏设置的关系，事故是否与既有设置的护栏防护等级有关，是否与护栏的设置形式有关，同时，还应分析改扩建后，交通组成变化对护栏防护的需求，车辆碰撞护栏的速度、车辆碰撞护栏的角度是否发生变化等因素。护栏等级和形式应与该路段曾经发生的事故等级相适应，满足《公路护栏安全性能评价标准》(JTG B05-01）的要求。

5.3.2　单侧拼宽路段或分离式加宽路段的护栏设置应符合下列规定：

1　单侧拼宽路段既有公路行车方向发生改变时，应对护栏搭接、护栏端头设置、轮廓标等进行改造，并结合新的行车方向，对长下坡等路段护栏防护等级进行调整。

2　原中央分隔带改造为同向车道分隔带后，原有的分隔带开口应保留，并应安装活动护栏。此外，同向车道分隔带应在互通式立体交叉及服务区、停车区前后各增设一处开口，开口长度不宜小于 2km。该开口处有护栏时，尚应在该护栏端头处设防撞垫。

3 同向车道分隔带高度不大于 12cm 时，可将该分隔带上原有的护栏拆除。

4 当侧分隔带内有需要保护的特殊结构物时，可保留护栏。此时该护栏的安全性能应满足现行《公路护栏安全性能评价标准》(JTG B05-01) 的要求。

对于单侧加宽的高速公路，当既有公路的中央分隔带改为同向车道分隔带时，就存在护栏的拆除与保留问题。如将其拆除，对交通安全和行车舒适更为有利，但是如遇该分隔带范围内有上跨桥墩、标志立柱、通信管道等设施需要保护等情况时，拆除护栏将会带来复杂的相关设施的工程改建，在此情况下需要进行技术经济分析。如可以通过其他手段保证行车安全且经济性较佳，就不必要硬性拆除。因此做出本条规定。

根据国内单侧加宽高速公路使用情况，在互通式立体交叉前后设置的同向车道分隔带开口长度不宜过短，太短则影响车辆驶入或驶出，易造成安全隐患。开口长度的取值跟交通量、交通组成以及设计车速等相关。河南郑洛高速公路开口长度为 2.5～3km，使用效果较理想。洛三灵高速公路改扩建时考虑地形限制等因素，开口长度为 2km ，实践证明其基本上能够满足车辆交通转换的需要。因此《细则》规定同向车道分隔带开口长度不宜小于 2km。

原中央分隔带改为同向车道分隔带时，其开口在应急抢险及紧急情况下需要启用，因此做出规定。考虑到因其长度通常较短，正常行驶的车辆通过该开口转换车道时安全及舒适性难以满足要求，因此规定加装活动护栏，防止车辆随意经过该开口变换车道。

5.3.3 应通过改造、加固或拆除重建等方法，使改扩建后桥梁护栏的防护等级满足现行《公路护栏安全性能评价标准》(JTG B05-01) 的要求。

原《高速公路交通安全设施设计及施工技术规范》(JTJ 074—94) 设计的桥梁护栏最大防护等级为 231kJ，而现行规范对桥梁护栏的最低防护等级为 280kJ。因此，改扩建工程中需要对既有桥梁护栏进行改造，以满足现行规范对防护等级的规定。对于利用既有桥梁护栏结构进行改造的护栏，其改造后防护等级的验证，应根据《公路护栏安全性能评价标准》(JTG B05-01) 进行评价。

5.3.4　混凝土护栏可通过加高或在其顶部加装有效防撞构件等方法，使其安全性能达到现行《公路护栏安全性能评价标准》(JTG B05-01) 的要求。桥梁混凝土护栏改造时，应对桥梁结构局部受力进行验算；当混凝土护栏强度不能满足金属构件安装时，应将混凝土护栏拆除重建。

根据高速公路护栏改造经验，对于混凝土护栏，可将既有混凝土部分凿毛，采用植筋的方式，重新构造混凝土护栏，也可以采用在既有混凝土护栏上加装有效钢构件等方法提高护栏的防护等级。改造后的混凝土护栏需要根据《公路护栏安全性能评价标准》(JTG B05-01) 进行防护等级的评价。

对于桥梁混凝土护栏，由于改扩建前后车辆碰撞护栏条件的不同和护栏高度的增加，导致改造后的护栏存在三处薄弱区域，一是原护栏底部与桥梁翼缘板的连接部分，二是混凝土护栏本身最不利截面处的强度，三是新增构件和混凝土护栏连接处。因此，需要对桥梁翼缘板与护栏连接的可靠性进行验算，同时，也需要对混凝土本身进行强度验算，当混凝土护栏与翼缘板连接处、护栏本身和新增金属构件连接处强度不足时，需要将混凝土护栏拆除重建。可采用的改造方案如去掉原来上部构件，改用型钢钢构件，改造后的护栏能达到 SB 级防撞等级，见图 5-1，也可采用马鞍型钢构件，改造后的护栏能最高达到 SB 级防撞等级，见图 5-2，还可采用在原混凝土护栏植筋加高的方式，见图 5-3。

图 5-1　去掉原来上部构件，改用型钢钢构件

注：西部课题——安保工程研究成果

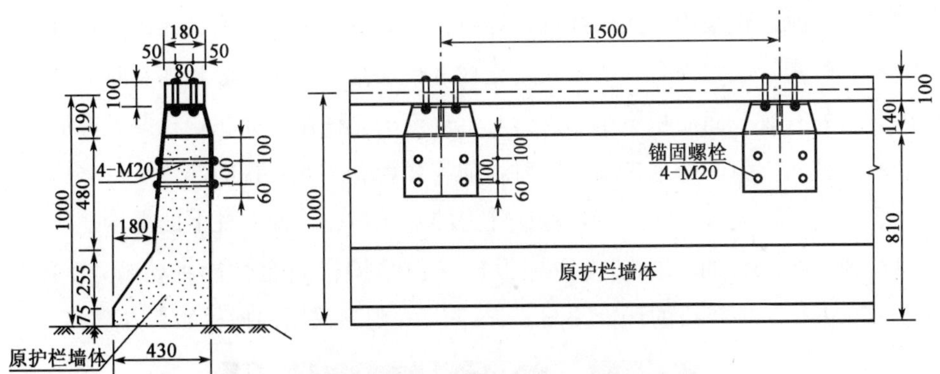

图 5-2　去掉原来上部构件，改用马鞍型钢构件（单位：mm）

注：舟山大桥一期改造研究成果

图 5-3　去掉原来上部构件，植筋加高

注：浙江上山高速改造成果

5.3.5　满足设计要求的原护栏立柱应予以利用，无法直接利用的护栏立柱，可通过内套管或外套管加长立柱、加密立柱等方式加以利用，且应保证其整体性能达到现行《公路护栏安全性能评价标准》(JTG B05-01）对防护等级的要求。重复利用的立柱，在拆除后应进行防腐处理。

根据高速公路波形梁护栏改造实践，可以对原护栏立柱和波形梁板进行有效利用，如京港澳高速公路河北京石段的改造中就采用了原护栏不动，在原护栏立柱中间增设立柱，并架设新护栏板，形成双排波形梁护栏的结构。此种方法使原有护栏结构得到了充分利用，护栏的防护能力可达到现行规范规定的 160kJ 的防护等级。

对于在改扩建工程中路面加铺，导致护栏有效防护高度不足的情况，可采用内套管、外套管或内外套管的方式对立柱进行加高。采用内套管加高时，需要保证内套管的有效截面面积不小于现行规范规定的立柱截面面积，且要考虑加高立柱和原立柱间空隙的防水措施。同时，加高套管套入原立柱的部分要足够长，加高套管与原立柱通过螺栓连接，保证受力的有效传递，原立柱上的螺栓孔应进行防腐处理，改造后的护栏结构需要根据《公路护栏安全性能评价标准》(JTG B05-01) 进行防护等级的评价。图 5-4～图 5-6 为已采用的护栏加高方案。

图 5-4　沈海高速、沿海高速公路采用内套管方式加高护栏

图 5-5　外套管方式加高护栏

图 5-6　内外套管的方式加高护栏

5.3.6　满足设计要求的原护栏板和防阻块等材料应予以利用，无法直接利用的原护栏板，可将原有护栏板组合或加强后使用。采用护栏板组合或加强后，护栏整体安全性能应符合现行《公路护栏安全性能评价标准》(JTG B05-01) 的要求。重复利用的护栏板，在拆除后宜进行翻新处理。

高速公路改扩建工程应本着资源节约的理念，对于在交通事故中经车辆碰撞变形或由于自然及其他原因腐蚀等，造成性能衰减不能利用的原护栏除外，外观完好、满足现行设计要求的原护栏板和防阻块等材料应予以利用。如目前部分高速公路的改造中就采用了双排波形梁的护栏结构，其防护等级能达到160kJ，见图5-7和图5-8。广东广韶高速公路改造采用两块波形梁板对叠成8字形梁的护栏结构，其防护等级能达到93kJ，见图5-9，对改扩建工程中原波形梁板的利用可以借鉴这些方案，但改造后的护栏结构需要根据现行《公路护栏安全性能评价标准》(JTG B05-01) 进行防护等级的评价。

图5-7 福建罗宁高速公路双层波形梁护栏

图5-8 浙江甬台温高速公路双层波形梁护栏

图5-9 广韶高速公路改造采用的“8字形”护栏

5.3.7 护栏的改造设计，其外观、材料尺寸及安装方式与现行《公路交通安全设施设计细则》(JTG/T D81) 不符的，应进行碰撞试验，达到现行《公路护栏安全性能评价标准》(JTG B05-01) 对防护等级的要求时方可采用。

根据《公路护栏安全性能评价标准》(JTG B05-01) 的要求，高速公路上设置的每一种结构形式的护栏均应采用实车足尺碰撞试验进行安全评价。在高速公路改扩建工程中，通过改造利用原护栏，进而达到满足现行规范对护栏防护等级的要求，有利于资源的节约。但新护栏结构通常在护栏构造、外观、断面尺寸及安装方式等方面与原护栏相差较大。因此，改扩建工程中通过改造原护栏结构，形成的新护栏应根据《公路护栏安全性能评价标准》(JTG B05-01) 进行安全性评价。

5.4 其他设施

5.4.1 拆除的隔离栅、防落网等设施的网材、支撑钢材等，经局部修补或翻新等方式进行处理、检验合格后，宜重复利用或作为施工期间临时设施使用。

5.4.2 防落网、防眩设施、轮廓标及防撞垫等其他安全设施设计应符合现行《公路交通安全设施设计规范》(JTG D81) 的规定。

6 服务设施

6.0.1 服务设施改扩建设计宜与主体工程改扩建设计同步进行。

从国内外服务区改扩建的调研情况来看，部分路段的服务设施与主体工程的改扩建同步进行。如国内的沈大、沪宁、京港澳高速公路河北段等路段改扩建时，服务设施同主体工程均为封闭施工、同步进行。但由于扩容需求的不同步，使得服务设施与高速公路改扩建不同步的现象也较为常见，如欧洲法国、意大利，国内四川省、河南省、安徽省、江西省等高速公路部分路段服务区，就是针对服务区的扩容需求进行了专项服务区改扩建设计和施工。这也是《细则》不采用“应”的主要原因。

《细则》采用“宜”，主要是考虑以下因素：

（1）国内主体工程改扩建一般采用路基双侧加宽方式，也有采用路基单侧加宽和分离式路基方式的，而国内服务区基本都采用路侧港湾形式。因此，无论哪种路基加宽方式对既有服务区用地都会造成影响。

（2）服务区一般通过加减速车道与主线连接，主线上的通道、涵洞、天桥等构筑物也与服务区扩征用地有关。服务区改扩建与主体工程同步进行，有利于设计、施工技术条件的有效衔接，进而节约建设成本，保证工程质量。

（3）服务设施是保障高速公路正常运营和服务水平的必要设施，服务区改扩建与主体工程同步进行，可以避免施工、运营阶段的交叉影响，节省建设总工期和成本，保证运营安全。

6.0.2 服务设施改扩建方案应根据既有公路调查与评价结果，结合主体工程改扩建方案、运营需求和周边高速公路服务设施布局统筹规划确定，服务设施占地规模与设施间距应满足现行《高速公路交通工程及沿线设施设计通用规范》(JTG D80）的要求，并应符合下列规定：

1　停车、如厕、加油、车辆维修、餐饮与购物等服务设施建设规模的技术指标或功能不满足使用需求时，应进行改扩建；满足使用安全、节能环保及功能需求的可直接利用。

2　改扩建后互通式立体交叉与服务区间距小于1km时，宜合并设置。服务区与互通式立体交叉共用出入口匝道时，匝道车道数不应小于2条。

国内服务区建设前期一般不做专项的工程可行性研究报告，对于与主体工程同步改扩建的服务区也是如此。服务区内各类改扩建服务设施的规模往往是根据用地扩征情况，参照地方标准以及建设单位需求或经验所得。对设计单位而言，目前采用的《高速公路交通工程及沿线设施设计通用规范》（JTG D80—2006）也仅定义了服务设施应有的配套设施和总的建设规模指标，并未对各类设施的具体规模加以指标界定，对改扩建服务区的建筑规模指标更是无从谈起。因此，《细则》要求对服务设施改扩建方案统筹规划确定。

从调研情况来看，受交通量、交通组成、区域位置、自然环境、停车位数量以及经营水平等条件的影响，区内各类服务设施的需求表象离散性很大，很难将各种设施的建筑面积限定在固定的范围内，这就使设计、审批等建设环节难以掌控，通常只能按《通用规范》的建筑面积指标控制。而《通用规范》的建筑面积指标仅与高速公路车道数有关，这就导致了部分区内服务设施规模与实际需求不对等的现象，使得有些服务区部分设施节假日“人满为患”，平日却“门可罗雀”。为解决这一问题，国内部分省市通过借鉴建筑专业规范，专门制定了地方性行业技术标准或指导意见以规范服务设施的建设行为。因此，《细则》在本条中只要求改扩建服务设施的占地规模与设施间距需满足《通用规范》的有关规定，对于场区内的各类服务设施建筑规模重点强调了其的使用需求。

国内部分服务区与互通式立体交叉间距较近，有些是与互通式立体交叉合建，既不符合相关路线规范的有关规定，也影响了道路和服务区的行车安全。因此，本条提出当改扩建后互通式立体交叉与服务区间距小于1km时，宜合并设置，同时共用匝道的宽度不得小于2条车道。

6.0.3　服务设施改扩建设计应根据预测交通量和车型组成、车辆停留率、周转率、假日服务系数等参数重新核算规模，并结合既有公路服务设施的现状，在充分利用的前提下综合考虑改扩建方案。

本条规定了服务区改扩建的设计原则。对于改扩建后场区内各类服务设施的建设规模，一方面要求采用与《通用规范》一致的计算方法，实现《细则》与《通用规范》的对接，另一方面又提出了结合现状，充分利用原有服务设施的设计原则。所谓“结合现状，充分利用”，主要是为了减少对既有建筑的拆迁，节约改扩建成本。例如，在扩征用地规划时，应尽量考虑对区内原有综合服务楼、加油站等主要建筑物的保留和利用，科学利用新增用地，合理布置区内道路及各类停车场等设施，在保证改扩建功能需求的前提下，最大限度地节约改扩建建设成本。

从国内外服务区改扩建的调研情况来看，对原有设施的保留和利用主要局限在区内综合服务楼，以及道路、停车场等主要建（构）筑物上，也有相当路段服务区的改扩建是采用全部拆除、原址新建方式的。《细则》专列此条旨在倡导对原有设施的利用或改造。

6.0.4　服务区或停车区可通过下列方法进行新增或原址改扩建：

1　原服务区就地扩建，可保留原有服务区内的综合服务楼等配套设施，宜采用客货车分区停放，分别服务。

2　利用拆除或移位的互通式立体交叉、管理站或养护工区场地进行改造。

3　当原服务区就地扩建受限，或既有公路相邻的服务设施间距较远时，可另辟位置新建服务设施。

本条规定了两类服务设施的改扩建方式，即新址新建和原址改扩建或新建。

调研数据表明，国内外大部分服务区的升级、改造大都采用了原址改扩建或新建的方式，只有当原址不能扩征用地或改扩建代价较高于新建时，才采取新址新建服务设施的方式。例如，扩征用地需占压文物、光缆、高压走廊、供水管线、输油管线；现有场地供水条件不满足扩容需求；扩征用地需进行挖山、填沟等大规模土石方工程；扩征用地地质条件不满足建设要求等。

对于原址改扩建的服务区，《细则》强调了对原有综合服务楼的保留，这也是国内外改扩建的经验所得。一方面保留既有建筑可以节约改扩建成本，另一方面，可以在原有综合楼后面扩征用地作为新建停车场。这样，既可利用原综合楼，实现客、货停车场分区设置，又能使公厕、餐厅、超市等主要服务设施的服务半径实现最小化，提高了设施的服务水平。

改扩建项目的服务设施运营时间一般都在十年以上，由于国内高速公路建设前期技术标准和建设经验的不成熟，原有服务区的设置间距、建设规模、功能配置等都随着高速公路路网的日渐完善而亟待新增或改扩建。本条给出了新址新建服务区的选址条件，提出应充分利用道路沿线既有用地，从而最大限度地节约建设用地。

6.0.5 原址改扩建服务区应符合下列规定：

1 扩征用地应避免影响主线两侧的涵洞、通道及桥梁等构造物，避开低洼及山洪、断层、滑坡、流沙等地质灾害易发地段。

2 新增设施宜与原有设施统筹考虑统一规划，提高场地综合使用效率。原服务区的供水、供电设施应充分利用。

3 服务区改扩建扩征用地困难时，可采用建筑物上跨形式。

服务区扩征用地通常有两种思路。其一，沿主线方向在既有用地两侧或一侧扩征。从服务区使用角度，这种方式较有利于区内的交通组织，容易将停车、如厕、购物、餐饮、加油等主要功能设施在服务区内平顺、便捷地实现动线串接，征地难度也相对较小。但此种征地方式也容易与主线上的涵洞、通道、桥梁等构造物冲突，原有服务区的加减速车道也需要拆除重建，此外，也不利于原有场区加油站等服务设施的保留或利用。其二，垂直主线方向在既有用地后部扩征用地。这种方式可以有效避免第一种方式征地引发的与主线构造物冲突、加减速车道和原有服务设施难以利用等问题，但相对第一种方式征地难度较大，场区内的道路交通组织也较为复杂。总之，无论采取哪种扩征用地方式，均应结合主体工程、区域场地环境，以及服务区功能需求等各类条件综合考虑，以达到节约投资、保护环境、满足需求的改扩建目标。

随着场区的扩征，各类服务设施的规模增大，服务区原有供水、供电设施的位置、容量、性能等都有可能无法满足改扩建需求，加之设备陈旧、老化等因素，许多项目在改扩建时都采取了拆除新建的方式。由于各地各类服务区的使用年限、设备状况，以及改扩建需求的差异性，本条提出了充分利用原有供水、供电设施的原则，以期改扩建时能因地制宜、减少浪费，避免一刀切全部拆除的做法。

基于有限的用地条件，最大限度满足服务需求的设计原则，国内外均有采用服务区餐饮等设施上跨主线的建筑形式的做法。在扩征用地受限的条件下，采用这种改扩建形式是可行的，但应考虑以下因素：

（1）不宜在高路基地段设置，以节约建设成本；

（2）需设置自动扶梯等竖向交通设施，建筑物有效使用面积相对减少；

（3）公厕、普通超市等服务设施宜布设在底层；

（4）运营成本高于普通形式服务区。

6.0.6 服务区改扩建时，宜对地面及综合楼等进行修缮，并与新建部分连为一个整体。服务区综合楼扩建时，应对整体结构等进行验算。如原综合楼不改造同时新增一座综合楼，原综合楼应与新综合楼进行功能区分，并统一考虑供水、供电及污水处理等设施的配置。货运交通量较大的高速公路，宜根据需要增设降温池等设施。

调研情况表明，国内早期建设的服务区主要设置停车场、公共厕所、加油站、车辆维修、餐饮与小卖部等配套设施，主要是以保障基本服务功能为目的的。随着我国经济社会的快速发展，社会公众对扩展服务功能、提升服务质量的期盼更加迫切，加强对老服务区的改扩建工作，充分发挥市场在资源配置中的调节作用，鼓励社会资本投入餐饮、购物、加油和维修等经营性项目，为公众提供高品质、专业化、规范化、多样化的服务已为社会各方广为接受，政府行业主管部门也相继制订了相应措施积极推进。基于以上背景，目前国内服务区的改扩建项目，除了扩征用地用于增设停车位、道路合理渠化、优化功能分区以外，更多服务区在改扩建时引入了国内外知名连锁餐饮品牌和商品专卖企业入驻，这就使得原有设施的建设规模、功能分区，以及室内外装修标准等难以满足不断提升的经营需求。为此，《细则》提出，在对原有道路、停车场等地面工程升级、改造的同时，整合修缮既有综合楼等服务设施，整体考虑原有建筑和新建房屋的经营需求，以满足改扩建后不断提升的服务需求。

对于需要保留利用的综合楼等建筑物，本条要求按照相关的建筑工程建设规范、标准等进行结构验算和修缮、加固，经评定在满足建筑可靠度和功能需求条件后方可继续使用。由于服务设施功能的扩展以及规模的增加，原有的供水、供电及污水处理设施通常已难以满足扩建后的使用需求，《细则》在本条中也对此专门进行了提示。

6.0.7 当主体工程采用分离式加宽时，宜在加宽一侧增设单侧服务设施，并宜按行车方向对原有服务设施进行改造。

国内个别主体工程采用了分离式路基加宽方式。这种情况下，原有双侧港湾式服务区其中一侧的服务设施就失去了既有的功能价值。本条提出了在新建分离式路线上新建单侧服务区的要求，采用“宜”的原因是服务区新增与否，应结合相邻道路服务设施、用地环境，以及其他建设、运营条件等确定。

7 管理设施

7.1 一般规定

7.1.1 高速公路管理设施的改扩建设计应与主体工程设计同步进行。

原则上，交通工程既有沿线设施设计应与主体工程设计同步进行。此处的同步进行并不是必须同步提交施工图，而是方案设计要同步考虑，做好协调统一，保证工程项目的统一性，保证工程概预算的完整性，保证土建工程施工时为后期设备安装做好必要的预留预埋。

初步设计阶段，为了项目设计概算的完整性，交通工程及沿线设施应与主体工程同步完成初步设计。当交通工程及沿线设施工程造价较大时，交通工程及沿线设施应参与主体工程的方案比选。比如：有的隧道，选取不同的隧道方案，土建造价有一定的差别，但有时土建造价较高的隧道其对应的通风方案后期运营费用较低，而土建造价较低的隧道其对应的通风方案后期运营费用较高，此时就应将所有影响工程造价的方案因素全部涵盖进行综合比较，在此情况下更应同步设计。

施工图设计阶段由于工程进度不同，交通工程及沿线设施可以根据工程的进展情况并结合最新技术成果对施工图设计进行不断优化，最终版本的施工图设计未必会和主体工程的施工图设计同时完成，但即便如此，仍应认为设计是同步进行的，只是在施工时根据当时的实际情况以及结合最新科技成果进行了变更和优化而已。

7.1.2 高速公路改扩建时，应根据管理体制要求，结合交通量增长需求对管理设施在其原基础上进行改造或扩建。

本条主要针对高速公路的管理养护机构所需的场所、机具等做出规定。设计应提出交通量增大后的管理机构配置和养护需求，并对原来的管理机构配置、管理机构所配备的办公场所和机具设备的调整做出规定。

7.1.3 应根据调查与评价结果，分析既有管理设施的适应性。对无法保障通行能力和服务水平、不能满足改扩建后运营需求、不满足现行标准规范相关要求的监控设施、通信设施、收费设施、供配电照明设施等应进行改造升级。

实际设计时本部分内容通常可在设计说明中体现。设计说明应结合调研和评价结论对既有管理设施在日常高速公路运营中的使用效果和利弊优劣加以描述，并据此确定管理设施各子系统的改造方案。

7.1.4 机电设备再利用应满足系统升级和技术进步的需要，并应符合下列规定：

1 状况完好、功能满足运营管理要求的机电设备，应继续使用。

2 状况完好、功能不满足运营管理要求的机电设备，宜通过升级、改造后使用，或作为临时交通工程及沿线设施、备品备件使用。

3 状况完好、改造后无法与新系统兼容的机电设备，可作为临时交通工程及沿线设施、备品备件使用。

4 功耗大、故障率高、运营费用高、面临淘汰的机电设备，可作为临时交通工程及沿线设施、备品备件使用，不宜用作正式运营设备。

7.2 监控设施

7.2.1 应根据调查与评价结果，结合交通量和交通组成、主体工程改扩建设计方案等因素，综合确定监控设施改扩建方案。

监控系统改扩建设计在方案把握上存在两种不同的思路，一种思路认为监控系统改扩建仅仅就是因为车道数增加了，因而增设相应的设备，系统架构维持原来的设计。另一种思路认为改扩建不应是单纯的升级和扩容，而应该按照一条新建的多车道高速公路的标准进行监控系统的全新设计，区别于新项目的不同点仅仅在于改扩建设计时适当考虑对旧设备的利用。这两种观点均有失偏颇，监控系统改扩建设计关键在于理念的把握。事实上，不同的高速公路在改扩建设计时其的侧重点是不同的。应根据改扩建后高速公路的线形、路基路面状况、车道数规模、桥隧及互通等构造物的改造状况以及预测交通量和交通组成等情况，结合改扩建前高速公路的运营情况（事故多发段、安全隐患段、交通拥堵等），在对既有监控设施充分调研分析的基础上，按照满足服务水平及安全性的要求进行系统的维护、升级和扩容。总之，改扩建工程监控系统设计既不能仅按照大修养护的思路进行设计，也不能仅按照新建高速公路的思路进行设计，而应考虑既有系统的情况、改扩建后的项目条件等多方面因素，综合确定设计方案。

7.2.2 应根据总体设计方案，对监控分中心、监控管理所、外场设备以及配套的监控外场设备信号传输、供配电等各个子系统中不能满足改扩建后需求的设备和系统一并进行改造。

改扩建项目监控系统设计应全方位、系统性考虑，而不仅仅是更新、更换某个设备或某类设备，因此应该按照一个完整的监控系统进行全面设计。

对于改扩建高速公路的监控分中心、监控管理所宜结合原有机房和大厅设计，核算面积、净高、荷载、供电等是否满足需求，如果不满足，可改造或新建。宜将监控、收费、通信分中心的机房和大厅合并设置，方便维护和管理。

7.2.3 监控设施的等级除应不低于相同交通量及车道数的新建高速公路外，尚应符合下列规定：

1 对于改扩建以前主体工程技术指标采用低限的路段，宜设置交通事件检测、视频监视设施。

2 同向分离路段、不同扩建方式的过渡段、单侧加宽高速公路侧分隔带的开口段，宜按无盲区、全覆盖的原则设置交通事件检测、视频监视设施，并视需要设置信息发布设施、警示设施。

3 长度超过 5km 的同向分离路段，宜在分离前适当位置设置车道指示标志，并在分离后的路段设置可以检测交通量、车速等信息的检测设施，并根据各路幅的交通状况实时调整车道指示标志指令，动态调整各路幅上的交通流分配。

4 已经发生过或可能发生气象、地质灾害的路段，宜设置相应的检测或预警设施。

按照交通量进行服务水平分析时，同等条件下的新建高速公路和改扩建高速公路是有所区别的，改扩建高速公路由于受到诸多客观条件的限制，其通行条件一般要比新建高速公路略差。从确保通行的安全和行车舒适性等方面考虑，规定其监控设施的等级不低于同等规模的新建高速公路是必要的。

根据连霍、京港澳高速公路等改扩建工程的经验，改扩建以前主体工程技术指标采用低限的路段，如长大坡、连续转弯、长直线、小半径曲线等路段，一般是异常事件的多发段，也是高速公路运营管理的重点，因此，在改扩建中应对这些局部路段进行重点设计，除加强安全设施以外，还需要加强监控设施的设置，以满足此路段的安全要求。一般通过设置事件检测设备实现对突发事件或交通异常的快速检测，设置视频监视设备实时监视或确认交通事件、交通异常，以提高对事件的响应速度。

作为改扩建项目特有的同向分离路段、不同扩建方式的过渡段、单侧加宽的高速公路的侧分隔带的开口段等，往往是交通流较易紊乱，易使驾驶人产生判断失误，对这些路段加强监控是必要的。一般设置事件检测及视频监视，由于不同扩建方式的过渡段、侧分隔带的开口段较长，因此规定按无盲区、全覆盖的原则设置视频监视设施。

长度超过 5km 的同向分离路段，考虑车辆在该路段不可能在不同的路幅内自由转换，因此规定在分离前设置车道指示标志，结合路段交通检测结果，动态指引车辆选择车道，避免交通量不均衡。同时一旦某一路幅内出现堵塞和事故，可以及时提醒车辆提前选择车道。

灾害性气象条件是威胁高速公路运营安全的最客观因素，应针对不同气象地质灾害情况采取相应手段，对于雾多发路段除设置能见度检测器和可变信息标志外，宜增设主线发光诱导灯系统，并可根据路段条件设置有线广播系统，加强交通提示；对于易结冰的路段应设置路面状况检测器和可变信息标志，提醒司机降速行驶。

7.2.4 新增监控外场设备时应符合下列规定：

1 在满足使用功能的前提下，外场设备宜利用现有的管线资源及电源条件，并结合通信管道的改造情况确定其具体位置。

2 改扩建新增的监控外场设备宜设置于分歧管线处。分歧管道余长不足时可通过接长该管道满足使用要求。

3　整体式拼接加宽的高速公路，其外场设备供电电缆宜敷设在拼接加宽后路基的路侧；分离式加宽的高速公路，外场设备供电可利用既有公路已有的供电电缆；如需新敷设电缆，新敷设的电缆可设在既有公路或新修路幅的路侧。

4　新敷设的电缆应有安全防护措施。

新建项目监控外场设备在满足功能需求的前提下，点位选取余地较大，管道和电源可以根据功能需求敷设，而改扩建项目则相对复杂，既有管道及电力资源的改造方案、机电设施根据主体改扩建方式的不同而各不相同，为充分利用既有资源，减少二次投入，新设计的监控外场设备在满足功能需求的条件下，其具体位置应充分考虑既有电力条件，尽可能利用原分歧管线位置。另外，对于既有高速公路的分歧管线应尽可能全部延伸，以备后期增加外场设备使用。

根据规范要求，为尽量避免强弱电之间的干扰，且便于后期施工检修，高速公路外场设备供电电缆一般设置于路侧，因此，对于改扩建工程而言，新增监控外场设备宜首先选择利用既有供电电缆，若无既有供电电缆或受改扩建加宽影响已拆除的，应根据监控外场设备设置位置，在既有公路或新修路幅的路侧重新敷设电缆。

为保护电缆的使用安全，电缆型号推荐采用铠装直埋电缆，在敷设时应铺砂盖砖，过路/桥时利用钢管进行保护。

7.2.5　信息发布设备的再利用应符合下列规定：

1　门架式信息发布设备不宜通过拼接的方式在加宽后的路幅上继续使用，但可用在分离式加宽等路基宽度较适用的场合。

2　单柱式信息发布设备不宜在整体式加宽路段使用，可在同向分离路段或改造成移动式信息发布设备使用。

门架式可变信息标志的使用受到车道数的影响。通常四车道高速公路所采用的门架式可变信息标志，其版面尺寸不能适应八车道的使用需求。另一方面，对于发光二极管型的可变信息标志，不同批次的产品其发光二极管的发光性能有一定差异，若对其进行拼接、加大版面再利用，整体效果较差，同时返厂拼接经济性也不佳，因此不提倡通过拼接加大版面使用。

整体式加宽路段路面较宽、交通量较大，而单柱式信息发布设备设置于路侧、安装高度低，易被外侧大型车辆遮挡，因此不宜在整体式加宽路段使用。同向分离路段一般是两车道，可以满足使用要求。

7.2.6　没有受到改扩建施工直接影响的监控设备应妥善保护，并宜在改扩建施工阶段加以充分利用。

对于没有受到改扩建施工直接影响的监控设备，其在改扩建后是否仍需继续使用受到诸多因素影响，应评价其现有安装位置、设备功能、设备状态是否满足使用要求等，因此对其在改扩建后是否一定要保留不做规定，建议满足使用需求的情况下，尽量妥善保护利用。考虑到在改扩建施工过程中，原有的监控外场设备大多数需要拆除，在此情况下，如能保留一部分设备并使其继续发挥作用，对改扩建施工期间的交通安全有较大益处。因此做出本条规定。

7.3　收费设施

7.3.1　应在对既有公路调查与评价的基础上，根据收费车道数量及广场位置的变化，分析既有公路收费分中心、收费站、收费车道系统以及配套的土建设施的适应性，对不满足使用需求的收费设施应进行改扩建。

高速公路改扩建工程，往往伴随着收费车道数的增加。既有公路规划设计时，由于其依据的交通流数据是建立在既有通道交通调查预测的基础上，而现运营的收费设施一般是根据既有收费车道数情况进行配置，因此收费系统改扩建需要论证分析既有设施，包括收费站、收费分中心等设施，是否满足改扩建收费规模的需要。并在此基础上进行必要的改造。

7.3.2　既有公路为封闭式联网收费的，改扩建设计宜维持原有的管理体制、结算模式、车型分类标准，联网收费软件宜沿用原软件。既有公路为开放式收费的，改扩建时应结合路网收费体制的总体规划考虑是否对收费制式进行调整。

采用封闭式收费制式并已纳入区域联网收费的高速公路，在不断行的情况下，不应因改扩建工程影响区域联网收费的运行。同时为了保证联网收费的正常运行，收费系统原则上仍维持原有的结算和拆分模式、车型分类标准以及沿用区域联网收费软件。

采用开放式收费制式的高速公路改扩建时，收费系统应结合所在省（自治区、直辖市）的收费体制规划模式以及运营管理要求，并考虑采用封闭式收费制式的可行性。

7.3.3 收费设施改扩建设计应保证改扩建后系统的服务时间、平均排队车辆数等指标满足《收费公路联网收费技术要求》（交通部2007年第35号公告）的相关规定；电子不停车收费系统设计应满足《收费公路联网电子不停车收费技术要求》（交通运输部2011年第13号公告）的相关规定。

《收费公路联网收费技术要求》（交通部2007年第35号公告）中关于收费广场规划的计算参数，包括交通量、平均服务时间和服务水平等，均进行了明确说明，并在项目实践中得到充分的应用，《细则》沿用相关参数要求。

高速公路改扩建工程往往涉及电子不停车收费系统的改建或新建，其设计应遵循《收费公路联网电子不停车收费技术要求》（交通运输部2011年第13号公告）。交通运输部于2014年3月14日发布《交通运输部关于开展全国高速公路电子不停车收费联网工作的通知》（交公路发〔2014〕64号），明确开展全国ETC联网工作，为了贯彻落实全国ETC联网通知要求，大部分省（自治区、直辖市）在部颁收费公路联网ETC技术要求基础上，结合省内收费设施情况，提出或制定了符合ETC技术要求的地方标准。

7.3.4 高速公路改扩建后的收费设施应符合当地收费系统联网的要求。设计应结合改扩建后区域路网的变化，结合联网收费管理体制的要求以及运营管理的需要，综合考虑是否对收费系统管理体制架构进行调整。

收费设施改扩建设计首要目标，就是能够实现联网收费，设计方案和技术选取必须严格遵循所处区域联网收费要求，不得为了提升系统自动化程度，采用与联网收费不兼容的技术。

随着高速公路网的加密和完善，在现有收费设施管理体制模式无法适应运营管理需要的情况下，需重新考虑收费设施的管理体制。高速公路改扩建中，管理体制的调整从分布式改为集中式管理模式，收费分中心位置调整情况居多。

7.3.5 因收费车道数不满足设计交通量需求而需要对收费设施进行扩建时，

可通过升级现有系统、增加收费站及收费车道数、增加电子不停车收费车道的数量、采用纵向交错式收费广场、设置复式收费车道等方式对其进行改造或扩建。当原收费站无电子不停车收费车道时，改扩建时宜增设。

通过对远景年交通量的分析，往往需要对沿线的收费站收费广场进行扩建。

需要扩建收费广场时，优先选择在原址扩建或者移位新建。如果因地形复杂或征地困难等原因，无法进行广场扩建或移建工作时，可通过以下途径提升收费站通行能力，满足远景年交通需求。

（1）提高收费设施自动化程度，包括升级现有系统、增加电子不停车收费车道的数量等。

（2）升级现有系统，主要适用于现有主要设施配置时间较早、系统性能水平较为落后的情况，通过主要设施更换升级或新技术引入等手段，大幅提升收费站服务水平；增加电子不停车收费车道的数量，主要适用于现有收费站不满足ETC联网收费技术要求，或者运营管理需要等情况。电子不停车收费系统对收费站通行能力的提升毋庸置疑，但现阶段考虑到ETC的推广情况，收费站改扩建暂不具备全面推广实施多条（大于4条）车道ETC联网的可行性。

（3）增加收费站及收费车道数，主要适用于收费站所服务的区域交通范围较建设之初发生了很大变化的情况。随着各地社会经济的快速发展，类似新区、港区等规划的大力实施，现有高速公路的出入口已无法满足区域通行需求。

（4）重新规划广场布局，包括纵向交错式收费广场、设置复式收费车道等方式，其中主要的新布局方式适用范围见7.3.7条。

上述扩建途径，在收费站改扩建中可组合采用。

7.3.6 按照预测交通量计算，仅需要增加1条收费车道的收费广场，可不增加收费车道。

实际案例表明，确实存在收费站扩建1条车道的情况。根据收费广场扩建经验，新增1条车道，不仅需要拓宽广场土建、还需延展收费天棚，甚至有些情况下还要拆除围栏等现有场区设施，另外，收费站还需为广场通行和系统运行做保通工作。鉴于上述情况，考虑增加1条车道所提升的通行服务能力情况，收费站改扩建建议优先采用7.3.5条中提升通行能力的手段以满足交通发展需求。

7.3.7 原址改造的收费广场增加车道数困难时，可重新规划广场布局。广场的重新布局应结合收费站在高速公路网中的定位和自身特点综合考虑，并应符合下列规定：

1 具有潮汐式交通特点的收费站，可设置往复式收费车道。

2 客车所占比重较大的收费站，可设置复式收费车道。

3 货车所占比重较大的收费站，可采用客货分离、纵向交错式收费广场。

现有收费站改扩建方式越来越倾向于结合交通特点进行针对性的设计，从而最大程度地减少投资，有效提升通行效率。

具有潮汐式交通特点的收费站主要是机场收费站和旅游景点收费站；客车所占比重较大的收费站主要是城市出入口、机场高速收费站、旅游景点收费站等。

对于货车比重较大的收费站，为了尽可能减少客货混行对收费广场通行能力的影响，可采用客货分离方案。

7.3.8 改扩建后出、入口的人工半自动收费（MTC）车道数均不应小于2条。

基于ETC普及情况，现阶段MTC收费车辆占大多数。ETC车辆与ETC天线无法交易时，可正常行驶MTC车道进行发卡缴费，而MTC车辆无法通行ETC车道，因此，为了保证收费站的正常通行，收费站MTC车道数量不应小于2条。

7.3.9 收费设施设备的再利用除应结合调查与评价结果确定以外，尚应符合下列规定：

1 目前使用正常的雾灯、信号灯、费额显示器、手动及电动栏杆、车道控制计算机、IC卡读写器、车道及广场摄像机等设备及收费亭内设备，宜继续使用。

2 拆除后的计重设备等可用在其他公路或作为备品备件加以利用。

3 满足系统需求的收费站及收费分中心设备，宜继续使用。

收费车道设施的运行涉及通行费征收，所以运营管理单位相对比较重视，设施的完整性和使用情况相对较好，其中主要车道设施如车道控制计算机、电动栏杆的更换和维护相对及时，所以收费车道设施在使用正常的情况下，建议继续使用。

计重设施拆除时，秤体等容易受到损坏，加上收费系统对计重精度要求较高，所以拆除后的计重设施一般不建议继续使用。

实践经验表明，室内设施一般保养程度较好，在性能良好、能保证系统运行且满足扩建后系统需求情况下，原则上不予更换，对应的设施主要为收费站、收费分中心等收费设施以及部分亭内设施。

7.3.10 收费土建工程改扩建设计应符合下列规定：

1 收费岛的改造宜维持原岛宽、岛高、岛头岛尾外形、收费岛装饰等，新建收费岛宜与广场现有收费岛风格保持一致。收费岛岛体加长时宜采用直线延长方式。

2 扩建后车道数大于或等于 8 条的收费广场，宜设收费员专用通道；大于或等于 10 条的，应设收费员专用通道。收费员专用通道可采用天桥、地下通道或天桥与地下通道相结合等方式。

3 地下通道加长时应结合其结构特点，完善相应的排水、照明和电缆桥架等设施，与原有设施有机融合。加长部分宜采用现有通道断面尺寸。

收费广场扩建、电子不停车收费的实施往往需要新建或改建收费岛，为了避免岛头样式多样、岛高层次不齐，影响收费站的对外窗口形象，收费岛的外观形式，包括收费亭样式，尽可能与既有设施保持一致。若确实无法一致的情况下，新建收费岛部分风格必须一致，且同一广场内不应存在 2 个以上样式。

不小于 8 条车道收费广场，根据现行部颁交通工程设计规范，应设收费员专用通道。改扩建后单个收费广场规模由现有小于 8 条车道扩建为不小于 8 条车道情况较多，但考虑到实施收费员专用通道难度较大，尤其是地下通道形式，往往需要封闭收费站，将会影响高速公路通行。有鉴于此，对于扩建后规模不小于 8 条且未达到 10 条车道的单个收费广场，并未要求必须实施收费员专用通道。另外，考虑到大于或等于 10 条车道的单个收费广场，从距收费站场区的最远收费亭到靠近场区的土路肩处，往往不小于 50m，考虑到收费员穿越收费广场以及通行运输的安全问题，《细则》明确此种情况应增设地下通道。

为了保证地下通道的风格样式统一，建议地下通道加长部分与原断面尺寸保持一致。

7.4 通信设施

7.4.1 应结合调查与评价结果，按下列原则对通信设施及其各子系统的适用性进行分析判定：

1 能正常运行且能满足改扩建后通信业务需求时，应保留并继续使用。

2 运行基本正常，且经过升级扩容即能满足改扩建后的通信业务需求时，可对其改造后继续使用。

3 不能正常运行或容量不能满足改扩建后业务需求和区域通信联网需要，且升级扩容困难时，应新建通信设施。

高速公路通信设施主要分为干线传输系统、接入网系统、语音交换系统、紧急电话、广播系统、会议电视系统、数字同步系统、通信电源以及光电缆工程。通信设施由于投资较大、使用寿命长，在改扩建工程中，需要根据各子系统设备现状、系统运行现状的调查结果，并结合对目前及未来各种业务的需求、技术水平的发展以及既有系统的扩展能力的评价结果，来确定改扩建工程通信设施的改造原则。

(1) 干线传输系统

干线传输系统主要实现高速公路各区域中心/路段分中心之间的业务传输以及至省中心的业务传输，根据各省的通信设施规划以及路段所在路网中的位置，干线系统的传输等级一般为 STM-4、STM-16 以及 STM-64。在改扩建工程中，需对干线设备的现状进行调研，包括设备的型号、传输等级、各业务板卡的使用情况、有无剩余槽位等内容；再分析该设备是否满足改扩建后干线联网的需求。如果设备运行正常，传输等级满足改扩建后的联网需求，并且有两个以上的空余业务槽位，便于后期业务的扩展，则应保留继续使用；如果设备运行基本正常，有两个以上的空余业务槽位，仅传输等级无法满足改扩建后的联网需求，则可通过更换主控交叉板、光接口板等板卡进行升级扩容，对设备进行改造后继续使用；如果设备运行故障率较高或改扩建路段在新的路网中处于骨干节点的位置，设备连接的方向较多，既有设备升级后仍无法满足改扩建后的联网需求时，应新建干线传输设备，既有的干线设备若可继续正常运行，可降级为接入网设备使用，一些板卡可作为备品备件使用。

(2) 接入网系统

接入网系统主要实现路段内各站点至所属路段分中心/区域中心的业务传输。2004年之前的路段，由于当时数据、图像等业务量很少，传输等级多采用STM-1等级。2004年之后的路段随着业务量，尤其是视频业务的逐渐增多，传输等级多采用STM-4等级。

对于采用STM-1等级的路段，在改扩建工程中，一方面，随着高清视频的应用、全程视频监控业务、办公自动化及会议电视的需求，对带宽的需求日益增大；另一方面，STM-1等级的设备一般为紧凑型，设备槽位有限，无法扩容升级，而且大部分设备仅提供光接口及2M接口，难以提供10M/100M接口，因此该类路段应新建通信设施。

对于STM-4等级的路段，在改扩建工程中，可根据既有设备的型号、传输等级、各业务板卡的使用情况、有无剩余槽位等现状以及改扩建后业务的实际需求，若设备正常运行、扩展性好、可满足改扩建后的业务需求，应继续保留使用。若设备正常运行、扩展性好、但容量无法满足改扩建后的业务需求，可通过更换光接口板等板卡将其升级为STM-16等级，改造后继续使用。若设备故障率高或槽位基本用尽，升级扩容的代价较大，应新建通信设备，既有设备的一些板卡可作为备品备件使用。

(3) 语音交换系统

语音交换系统主要实现路段内各站点之间的语音业务、与专网内其他路段的语音业务以及与市话之间的语音业务。目前多数路段的语音业务通过在路段分中心/区域中心设置的数字程控交换机来实现上述需求，近几年也有部分路段陆续采用软交换系统来实现该需求。对于改扩建工程，语音交换系统一般均为数字程控交换机，若该设备能正常运行，通话质量高，语音清晰，满足改扩建的业务需求，可保留继续使用；若该设备故障率高，通话质量差，或者需要更换或增加较多的板卡，考虑到部分厂家数字程控交换机已停产或面临停产，更换板卡较为困难，可新建通信设备，采用软交换设备来实现语音业务。

(4) 紧急电话

紧急电话系统是为行驶在高速公路上的驾驶人及公路管理人员提供紧急求援

的通信手段，路段上一般 2km 设置一对，隧道内一般 200m 设置一部。紧急电话的类型一般为电缆型、光缆型以及无线型。根据《关于进一步完善公路紧急报警设施设置的意见》（交公路发〔2005〕495 号），意见中规定："对新建公路项目应根据相邻地区已通车项目的紧急报警设施的使用率和使用效果，合理设置紧急报警设施，原则上不再设置紧急报警电话，确有需要的可以设置；对于长和特长隧道等特殊地段，应加强设置紧急报警设施，以保证相关信息能够及时传出。"同时，考虑到大部分省（自治区、直辖市）已设置了呼叫中心，手机已全面普及使用，因此，在改扩建工程中，对于非隧道内设置的路侧紧急电话分机，若使用率较低，设备故障率高，通话质量较差，可考虑不再设置；若设备使用率较高，设备正常运行，对运营管理的作用较大，可考虑继续使用。对于隧道内设置的紧急电话分机，若故障率高，通话质量差或采用的是电缆型的紧急电话，抗干扰能力差，应新建紧急电话系统；若系统运行正常，通话质量较高，可保留继续使用。

（5）广播系统

广播系统一般设置在长及特长隧道内，与紧急电话系统合设，主要在发生紧急情况时，通过广播进行车辆疏导、提示告警或向人员发布信息。在改扩建工程中，若广播系统运行正常，广播分区合理，音质清晰，可继续保留使用；若设备故障率高，杂音串音现象多，应采用新的广播设备。

（6）会议电视系统

会议电视系统一般在省中心设置主会场，配置多点控制单元（MCU）等设备，在各路段中心/区域中心设置分会场，配置终端编解码器等设备。在改扩建工程中，若会议电视分会场设备运行良好，能正常与省中心及其他分中心召开视频会议，应继续使用终端编解码器设备，根据运营管理的需要可新设置电视、话筒、音响等配套设施；若分会场设备故障率高，无法与其他分会场之间召开视频会议，应新设置会议电视分会场设备。

（7）数字同步系统

数字同步系统一般在省中心建设时同步设置区域基准钟（LPR），在改扩建工程中，需根据路段在整个路网中的位置，与省中心之间的节点个数来确定是否需要设置二级节点时钟（SSU-T）。

（8）通信电源

通信电源系统主要为通信设施提供直流用电。对于改扩建工程，若电源系统运行良好，可继续使用通信电源，但蓄电池组的寿命一般为5年，因此改扩建时可更换蓄电池组；若电源系统故障率高，应新设置通信电源及蓄电池组。

（9）光电缆工程

光缆一般敷设在通信管道内。2005年以前，由于光缆的价格较高，业务的需求较少，光缆的芯数一般在20芯左右，随着业务的不断增加，光缆基本无剩余芯数。在改扩建工程中，由于全程监控业务、交通量调查业务等新的需求，原有的光缆芯数已不能满足需求，即使有少量的剩余芯数，也由于熔接次数较多而引起信号衰减较大，直接影响传输质量，因此，可再新敷设一条光缆，原有的光缆可继续使用，待信号质量衰减大、不能继续使用时，再将光缆抽出。

电缆一般在站区内用于语音业务传输使用，数量很少，在改扩建过程中，若不改造房建工程，电缆可继续使用；若改造房建工程，可根据需求重新敷设电缆。

7.4.2 通信设施的改扩建应符合下列规定：

1 应结合既有公路通信设施的运行情况以及项目改扩建后通信业务类型、业务量以及功能需求，确定通信设施改扩建后的规模及其技术方案。

2 改扩建工程的通信设施设计应满足区域骨干网建设规划以及联网通信的相关技术要求，保证改扩建工程与区域通信设施的互联互通。

3 通信设施改扩建设计应符合当代通信技术发展方向，并充分考虑各种业务拓展的需求。

对于改扩建工程，既有公路通信设施的运行状况决定了通信设施的改造原则，而通信设施作为高速公路各种业务传输的平台，业务需求决定了通信设施的系统方案。因此在设计之前，应充分分析路段通信系统的设备使用现状及系统的运行现状，从改扩建后项目的业务需求出发，来确定通信设施改扩建的规模及各子系统的技术方案。

通信设施主要为监控、收费等业务提供传输平台，在各省高速公路已经联网的情况下，通信系统的联网尤为至关重要，因此在改扩建工程中，通信设施首先要满足全省高速公路联网的规划和要求，确保与区域其他高速公路通信设施能够实现互联互通，从而实现数据、图像、语音等各种业务的互联互通。

通信设施的改扩建工程不应仅是原有通信设施的简单升级改造，应根据当代通信技术的更新发展，采用先进、成熟的通信技术，充分考虑各种扩展功能的使用。

7.4.3 通信管道改扩建设计应符合下列规定：

1 考虑了改扩建后的通信需求后仍有冗余管道，且冗余管道的折算子管数不少于3孔的，可不新增通信管道。

2 考虑改扩建的需求后冗余管道折算子管数少于3孔的，应进行通信管道的扩建。

3 新建通信管道时，其新建管孔折算子管数不宜少于8孔。

《高速公路通信技术要求》（交通运输部2012年第3号公告）中规定："六车道以上高速公路管道容量应不少于6孔（内径≥ϕ90mm），早期修建的高速公路大部分是采用6孔混凝土管道或PVC管道（大孔径管道标准内径为ϕ90mm，内穿3根子管），管道容量基本满足要求，只是由于多年运营过程中存在缆线分散设置带来的占用多孔管道问题，而且一般还会有管道出租的情况，可能会导致管孔不够使用，应利用本次改扩建的机会进行管道和缆线清理，系统整合现有各种缆线，不再出现短段缆线占用全线管道资源的情况，合理规划管道资源。因此，对于改扩建保留原有通信管道且满足改扩建后管道使用要求的情况下，考虑后期扩容等需要，冗余子管数量不少于3孔即可不对通信管道进行扩建。"

本条所述冗余管道孔数是供高速公路机电系统今后应急、扩容或抽换光缆时周转之用，如果为出租等其他需求预留管道，则需另外考虑增加管孔数量。由于大孔径管道标准内径为ϕ90mm，一般内穿3根标准子管，因此将冗余管道孔数定为折算孔数不少于3孔子管。

在确定新增管道的管孔数时应进行综合分析，既然需要增设管道，就不宜增设过少。目前各省新建项目中的管孔数均不少于8孔子管，同时考虑管道数量的增减对管道总体预算的影响较小，如铺设4孔硅芯管和8孔硅芯管的工程量仅相差4孔硅芯管的用量，而在人孔、过桥管箱支架、土石方等方面的工程量是一样的。因此，将新铺管道的管孔数量定为不少于 8 孔，和既有公路通信管道共同发挥作用，以满足《高速公路通信技术要求》的规定，同时也满足了在一定时期内既有公路的通信管道在变形、堵塞等情况下仍能保证有足够数量的管孔资源。

4 双侧拼宽高速公路宜保留原中央分隔带管道；当需要扩建通信管道时，可将新建的通信管道敷设于原通信管道的上方，或在路侧重新敷设。采用在原通信管道上方敷设的方式时，除应满足新设管道和原管道之间留存不小于 5cm 的保护层以外，尚应满足新设通信管道顶部的覆盖层厚度大于或等于 70cm。

双侧加宽路段，土建工程改扩建对中央分隔带内的管道影响较小，应优先考虑保留原有管道，这样可充分利用原有人孔、过桥设施等，有效降低造价，同时对原管道损坏较轻部分进行修复，对损坏严重部分拆除重建，利用本次改扩建机会将全线管道进行修整，消除隐患。

对于需要扩建通信管道的情况，将新建管道敷设于原通信管道的上方，可共用原有人孔和过桥设施，减少对公路纵向路由的占用，方便对通信管道的统一管理。此方式适用于既有管道采用深埋方式（管顶埋深≥85cm）铺设的情况。

当管道在路肩铺设时，应注意与路侧的标志、监控外场设备、声屏障等构造物的基础相避让，宜铺设在基础较少的道路左侧路肩处。

5 当单侧拼宽高速公路将既有公路的中央分隔带改造成同向车道分隔带予以保留时，可保留既有公路通信管道；当既有公路中央分隔带拆除并改建为路面时，应对该分隔带下的管道和线缆进行迁移。新建中央分隔带时，宜在中央分隔带下新建通信管道。

由于既有公路中央分隔带在互通、服务区、停车区等出入口处必须填平做成正常路面，以方便内侧车道上的车辆进出，所以既有管道可能无法全线贯通，改扩建后，既有管道将降级为辅助通道。因此，当保留既有公路中央分隔带内管道时，建议在新建中央分隔带内增设通信管道作为改扩建后的主线管道。当然，新建半幅路的分歧管道均应与干线管道相连接。如图 7-1 所示。

6 主体工程采用分离式路基修建时，宜在新建半幅高速公路的内侧新建通信管道。

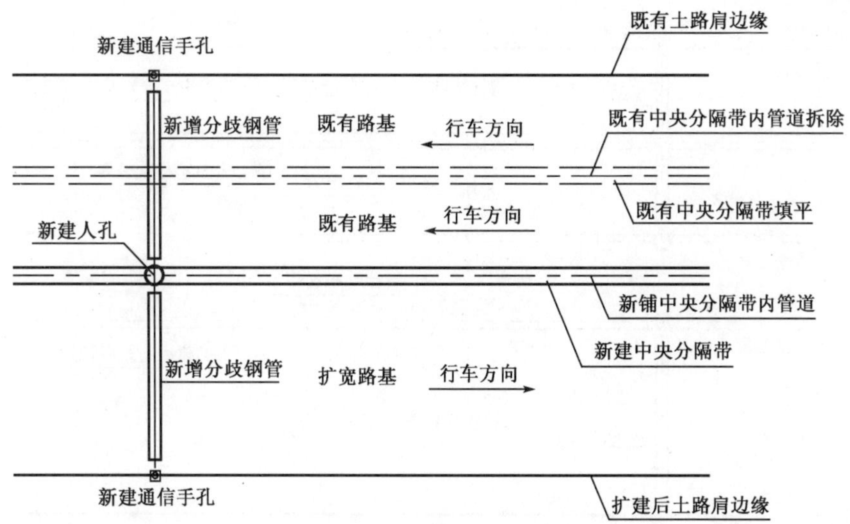

图 7-1 整体式路基整幅单侧加宽方案

当既有整体式路基完全保留且中央分隔带也完全保留时，既有管道保留，在新建路内侧增设新的通信管道，如图 7-2 所示。

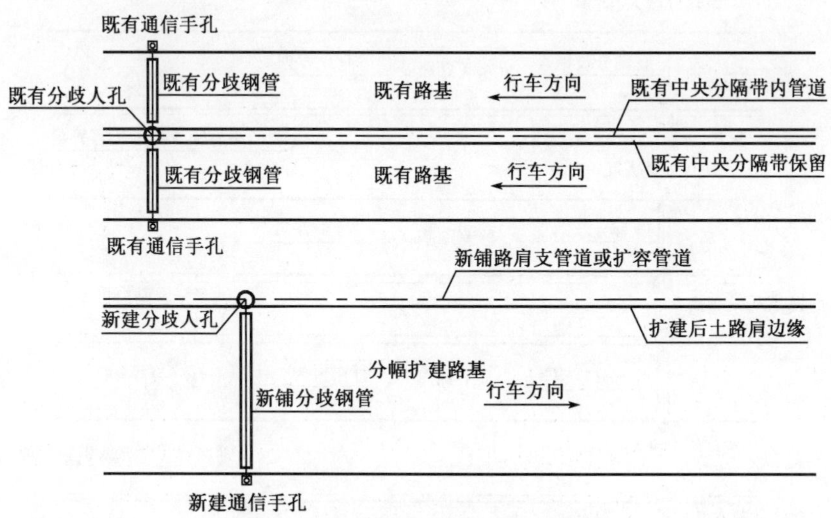

图 7-2 整体式路基分幅单侧加宽方案一

当既有整体式路基段路基路面保留而中央分隔带填平时，需将既有管道迁移至原路内侧路肩，并在新建路内侧路肩增设新的通信管道，如图 7-3 所示。

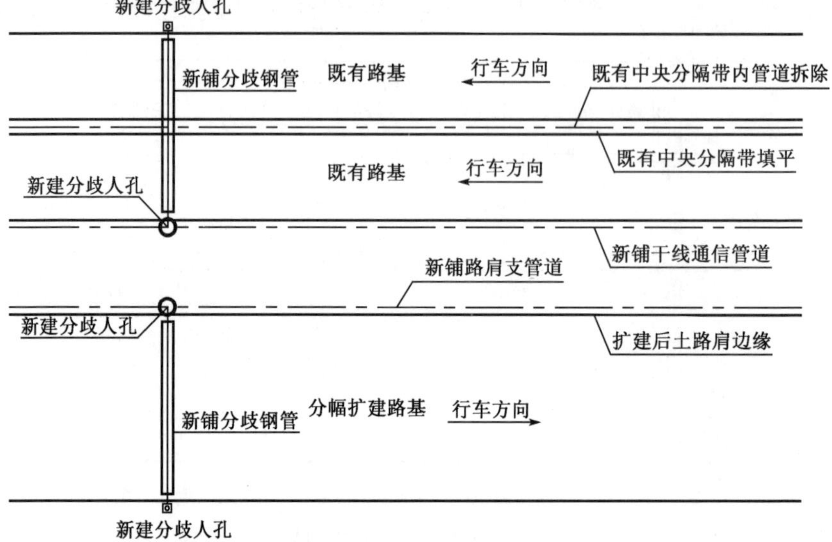

图 7-3　整体式路基分幅单侧加宽方案二

分离式路基分幅两侧扩建时的管道铺设方式如图 7-4 所示。

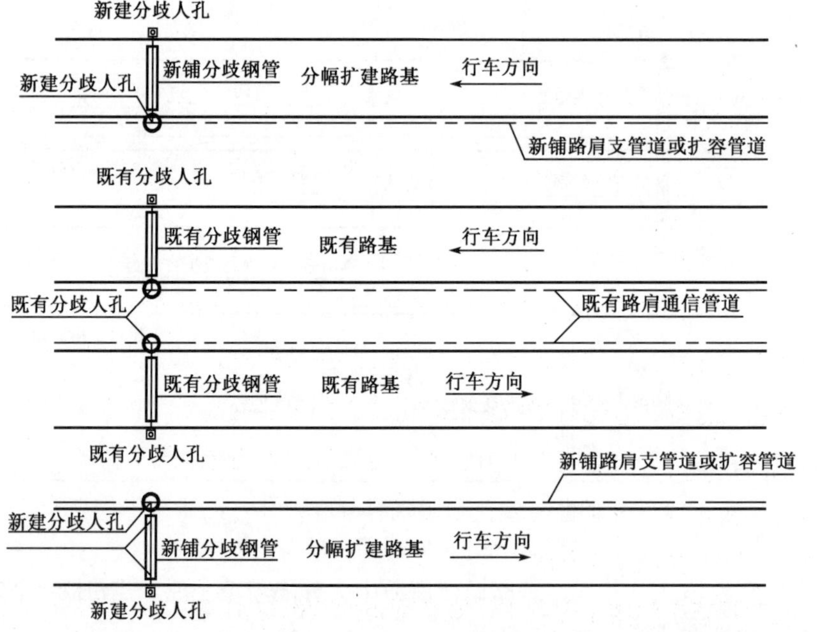

图 7-4　分离式路基分幅两侧加宽方案

分离式路基分幅单侧扩建时的管道铺设方式如图 7-5 所示。

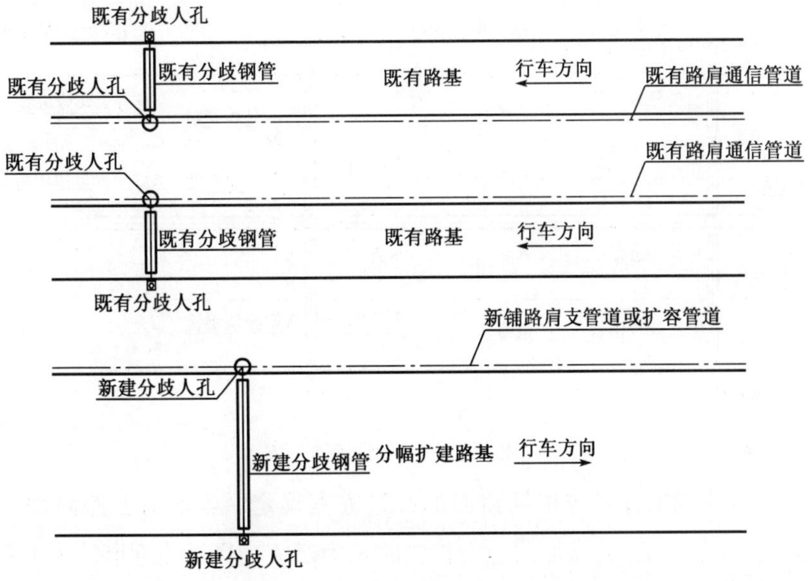

图 7-5 分离式路基分幅单侧加宽方案

7 应根据改扩建后的需要，调整或新增人、手孔，对于改扩建后仍利用的原人、手孔应保留并修复。分歧管道宜接续保留使用。在既有公路上新增分歧管道时，宜采用顶管或拉管等非开挖方式敷设分歧管道；当既有公路路面病害严重需挖除时，可采用反开挖方式埋设分歧管道。

改扩建高速公路在初建时一般都会按照 1km 间距进行分歧管道预埋（紧急电话用），在改扩建后这些位置都是可以利用的。应结合路面改扩建方案制订分歧管道设计方案，可加长既有分歧管道、采用反开挖方式预埋新增分歧管道、采用顶管或拉管等非开挖方式敷设分歧管道。如果监控外场设备或通信站分歧设计桩号附近有既有分歧管道时，宜按既有分歧管道的直径及孔数加长至扩建后的新土路肩外侧，中央分隔带内人孔利用既有分歧人孔，路肩外侧重新构筑通信手孔或路肩人孔。如图 7-6 所示。

在改扩建工程施工过程中，既有管道的状态也不是一成不变的，应考虑其他作业队在施工中对既有管道可能造成的不利影响，在设计方案中应有应急预案，在工程量计算中也应有所预留。

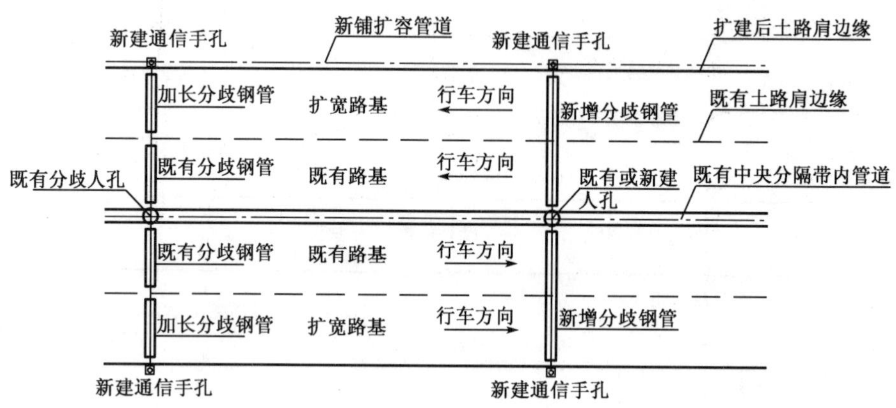

图 7-6　整体式路基整幅两侧加宽方案

分歧管道的施工方式应根据路面的改造方案确定。当既有公路路面病害较轻，仅需刨除部分既有公路面层进行修复时，为避免横穿过路管道的施工对路面产生不利影响，应采用顶管、拉管等非开挖方式施工分歧管道。而当既有公路路面病害严重需要挖除全部路面层进行修复时，已经具备了反开挖的条件，为了降低造价，应采用反开挖方式在路面底基层铺设前预埋横向分歧管道。

7.5　供配电照明

7.5.1　高速公路改扩建设计时，应根据调查和评价结果，结合运营管理需求，对供配电设施、照明设施、电力监控系统以及相应的土建设施等进行扩容和改造。

供配电照明设施的改扩建涉及既有设备再利用问题，因此需根据收集的资料和现场调查结果对现有设备进行初步评价，同时应结合建设单位对高速公路运营管理的需要，综合考虑对供配电设施、照明设施、电力监控系统以及相应的土建设施等进行扩容和改造。

7.5.2　供配电设施改扩建设计时，应按照现行标准中关于负荷等级的划分原则，结合改扩建的系统需求，重新确定所有负荷的分级，增加或调整相应的出线回路。

对于高速公路而言，用电负荷分级的意义在于正确反映其对供电可靠性要求的界限，以便恰当地选择符合实际水平的供电方式，提高投资的经济效益，满足运营需要。随着社会经济水平和技术水平的发展，电力设计规范和交通设计规范都会相继进行更新，既有供电负荷等级划分标准往往不能满足新颁布的设计规范的要求，如交通设计规范《高速公路交通工程及沿线设施设计通用规范》（JTG D80—2006）、电力设计规范《供配电设计规范》（GB 50052—2009）。因此，改扩建设计时，大都需调整原有供配电系统的负荷等级划分，根据负荷等级的划分调整相应的出线回路。

7.5.3 应根据项目负荷需求，重新确定负荷容量，并根据新的负荷容量，按照下列原则调整变压器的配置：

1 变压器使用正常，考虑了改扩建以后的负荷需求后，总的负荷率仍小于90%且变压器能耗指标能满足现行《三相配电变压器能效限定值及能效等级》（GB 20052）规定的，可继续使用。

2 考虑了改扩建以后的负荷需求后，虽然总的负荷率小于90%但变压器能耗指标不满足现行《三相配电变压器能效限定值及能效等级》（GB 20052）规定时，宜更新。

3 考虑了改扩建以后的负荷需求后，当变压器负荷率大于或等于90%时，应予以更新。

4 结合项目通车以来的负荷情况并考虑新增的负荷需求后，总的负荷率仍小于40%的，宜将原变压器更换为较小的变压器。

电力行业标准变压器负荷率指标一般为75%。对于改扩建项目，从尽量充分利用原有设备、节约工程造价等因素出发，对于负荷率介于75%～90%之间的变压器，提出结合现有变压器的能耗指标以及变压器目前使用状况等因素，进行综合考虑。

对高速公路供配电设施而言，能源损耗主要由变压器产生。因此，应对变压器的能效限定值和能效等级进行严格规定。原变压器能否再利用首先要明确其能否满足现行《三相配电变压器能效限定值及能效等级》（GB 20052—2013）的要求。

根据对已建收费站和服务区的年平均用电负荷和年最大用电负荷的调查结果，结合新的用电需求分析，若变压器容量仍远大于需求，则考虑更换为容量更小的变压器，从而降低变压器自身能耗，进而减少运营费用。

7.5.4 供电设备改造应符合下列规定：

1 应随着电源质量标准的更新以及用电环境的变化，依据现行的电源质量标准评价电源质量，改造相应的供电设备。

2 当原电源质量已不能满足新的需求，或电源的谐波随着变频空调、变频泵、发光二极管灯以及软启动器、开关电源等各类整流设备的出现而增加时，应对其进行改造。

3 功率因数低于0.9时，应改造电容补偿设备。

4 电压偏差较大时，可调整外线的接入点或采用有载调压变压器。

5 对于电源质量要求较高或电源的谐波随着变频空调、变频泵、发光二极管灯以及软启动器、开关电源等各类整流设备的出现而增加的电子设备，可增设谐波抑制设备。

随着电力设计标准规范要求的提高，对电源质量规定越来越严格，如《电能质量供电电压允许偏差》(GB/T 12325—2008)、《电能质量　电压波动和闪变》(GB/T 12326—2008)、《电能质量　公用电网谐波》(GB/T 14549—1993)、《电能质量　三相电压不平衡》(GB/T 15543—2008)等。同时用电设备的复杂化也日益加重了电源质量问题，因此需对电源质量不达标的供配电设施进行改造。电源质量是高速公路机电设备运行良好的基础，电源电压过低，负载不能正常工作；电源电压过高，负载使用寿命缩短或被烧毁。随着整流器、UPS电源、电子调速装备、荧光灯系统、计算机、微波炉、节能灯、调光器等电力电子设备和电器设备中开关电源的使用，电网中的谐波含量不断提高。谐波对公用电网的危害主要包括：

(1) 使公用电网中的元件产生附加的谐波损耗，降低了发电、输变电设备的效率，大量的3次谐波流过中性线时，会引起线路过热甚至发生火灾；

(2) 影响各种电气设备的正常工作，除了引起附加损耗外，还会使电机产生机械振动、噪声和过电压，变压器局部严重过热，电容器、电缆等设备过热、绝缘老化、寿命缩短，以致损坏；

(3) 引起公用电网中局部并联谐振和串联谐振，从而使谐波放大，使前述的危害大大增加，甚至引起严重事故；

(4) 导致继电保护和自动装置误动作，并使电气测量仪表计量不准确；

(5) 对邻近的通信系统产生干扰，轻者产生噪声，降低通信质量，重者导致信息丢失，使通信系统无法正常工作。

三相电压不平衡指各相之间相电压不相等或线电压不相等，是由于各相负载不平衡造成的，既与用户负荷特性有关，也与电力系统的规划、负荷分配有关。有关标准规定：电力系统公共连接点正常运行方式下不平衡度允许值为 2%，短时间内不平衡度允许值不得超过 4%。三相电压不平衡对变压器的危害包括：三相负载不平衡时，变压器处于不对称运行状态，造成变压器的损耗增大（包括空载损耗和负载损耗）。根据变压器运行规程的规定，运行中的变压器的中性线电流不得超过变压器低压侧额定电流的 25%。此外，三相负载不平衡运行会造成变压器零序电流过大，局部金属件升温增高，甚至会导致变压器烧毁。三相电压不平衡对用电设备的影响包括：三相电压不平衡的发生将导致数倍电流不平衡的发生，诱导电动机中逆扭矩增加，从而使电动机的温度上升，效率下降，能耗增加，发生震动，输出亏耗；导致用电设备使用寿命缩短，加速设备部件更换频率，增加设备维护成本；使中性线中流入过大的不平衡电流，导致中性线增粗。三相电压不平衡对线损的影响：加大线损损耗，其中负荷方式不同影响也不同。以三相四线制结线方式为例，当一相负荷重，两相负荷轻的情况下线损增量较小；当一相负荷重，一相负荷轻，而第三相的负荷为平均负荷的情况下线损增量较大；当一相负荷轻，两相负荷重的情况下线损增量最大 。当三相负荷不平衡时，无论何种负荷分配情况，电流不平衡度越大，线损增量也越大。

7.5.5 供配电系统改扩建时可增设电力监控系统，系统的具体方案宜根据运营管理需要及可靠性需求，以及初期投资、后期对运行效果的改善和运营费用的减少等方面进行综合分析判定。

高速公路电力监控系统以计算机、通信设备、测控单元为基本工具，为变配电系统的实时数据采集、开关状态检测及远程控制提供了基础平台，它可以和检测、控制设备构成任意复杂的电力监控系统，帮助消除信息孤岛、降低运营成本，提高道路运行的可靠性，加快变配电过程中对异常情况的反应速度，是一套高度自动化提升供配电设施可靠性的系统。但是电力监控系统往往会大幅增加初期投资成本，这不仅体现在电力监控设备数量的增加上，同时对断路器和继电器等设备的性能标准提出了更高的要求。因此建议结合当地的经济发展水平和人工成本，综合考虑是否设置电力监控系统。

7.5.6 变电所设备的升级改造可采用下列方式：

1 对于型号老旧、可靠性降低、检修维护工作量大的油浸式变压器，可将其更换为干式变压器或箱式变电站，同时配备带通信接口的温度控制系统，提高性能。

2 对于户内墙上式刀熔开关或户外式隔离开关，可将其替换为高压负荷开关柜或断路器柜，并配以综合继电保护装置，兼顾无人值守的运行要求。

3 低压开关柜出线回路数不满足需求，且变电所空间受限时，可将其更换为紧凑型，或将固定式开关柜更换为抽屉式开关柜。应更换不满足要求的断路器，并宜加装电动操作机构及监控单元。

4 手动投切的纯电容补偿柜，可将其替换为自动投切串电抗的电容补偿柜。新的补偿柜应能根据需要自动投切电容器并能滤除部分谐波，并通过控制器的通信接口实现远程监控。

5 手动启动、人工投切的柴油发电机，可对其进行技术改造和智能化升级，增加自启动和自投切装置、传感器和远程通信装置，提高自动化水平。

由于高速公路沿线变电所负荷相对较小，通常设置1台变压器，若采用油浸式变压器需定期换油维护，这将降低高速公路供配电设施的供电可靠性；高速公路机电设施设计理念要求可靠性高和自动化程度高，而户内墙上式刀熔开关或户外式隔离开关自动化程度低（手动操作且操作复杂），安全性差，这就与高速公路机电系统设计理念形成冲突；采用紧凑型低压出线柜可增加出线回路，避免对变电所土建设施的改造，采用抽屉式低压出线柜可缩短故障断路器的维护时间，提高供电可靠性；手动投切的电容补充柜不能随负荷率变化而自动投切，且不能有效滤除谐波；手动启动、人工投切的柴油发电机需要电气维护人员24h值班，降低了供电的可靠性。

7.5.7　应根据调查和评价结果，按照节能减排的要求，结合运营管理需求，对照度指标不达标和能效指标较差的区域进行照明设施的更新和改造；同时宜对光效较低的照明设备进行更新和节能改造。

2012年国务院印发的节能减排“十二五”规划中指出：交通运输节能减排工作为我国节能减排“十二五”规划的重要组成部分，交通运输领域为节能减排三大领域之一。交通运输领域高速公路运营能源损耗中照明能源损耗所占比重较大，有必要对能效指标较差的照明设施进行改造。根据以往高速公路改扩建经验，建议宜从以下方面对能效指标较差的照明区域进行改造：

（1）光源。随着光源技术的不断发展，光源的光效也在不断提高，根据不同的照明需求选用不同的照明光源，对节能减排起着重要作用。伴随LED照明技术的日趋发展，LED照明在高速公路领域应用越来越广，在进行高速公路改扩建设计中，可根据项目的具体情况在部分区域实施LED灯照明以达到节能减排的效果。就现阶段LED光源的技术指标而言，建议在如下区域使用LED光源：景观照明、诱导照明（有源轮廓标）、远离市电电源的危险路段提示、隧道基本照明和场区庭院照明。

（2）灯具的配光。不同的照明场所对灯具的配光要求不同，例如高杆灯灯具采用MVP507配光形式的专用灯具，可有效提高照明区域的均匀度、扩大照明范围。同样，隧道照明灯具、收费广场照明灯具和路段照明灯具的配光类型，对照明效果和节能也起着重要作用。因此建议采用照明计算软件（如DIALux照明计算软件）进行计算来选择合理的配光曲线。

（3）镇流器。气体放电灯的镇流器主要分为两大类，即电感镇流器和电子镇流器。对于新增照明光源，应根据光源的功率和特性选配合理的镇流器；对于已有光源，依据镇流器产品的技术参数，对不达标的镇流器应予以更换。对于大功率照明灯具应选择节能型电感镇流器，对于小功率照明灯具应选择电子镇流器。

（4）线路。照明灯具的供电电缆线径过细将增加电能损耗，同时引起电缆发热、加速绝缘老化；照明灯具的供电电缆线径过大将增加造价；照明灯具的供电电缆路由过长也将增加能耗和电压偏差。因此，选用合理的电缆线径和路由对节能减排也起着重要作用。

(5) 控制方案。道路照明与外部环境有着密切的关系，电光源的照度宜随着交通量、环境反射指数和日照而变化，因此，合理的照明控制方案对照明系统的节能也起着重要作用。

7.5.8 夜间交通量大的下列路段宜设置道路照明：

1 同向分离路段起点的过渡段。

2 单侧加宽的高速公路，既有公路中央分隔带改为同向车道分隔带时，靠近互通式立体交叉出口的同向车道分隔带的开口段。

夜间在交通量大的路段设置道路照明可有效提高路段车辆行驶的安全性。本条是在现行规范的基础上，专门针对改扩建工程的特点，对改扩建容易出现的两种局部工点提出照明的建议性要求。

事实上，既然作为高速公路，是否设置道路照明并不局限在条文中提到的路段，对于夜间事故多发路段均可设置照明，如追尾、货物经常失盗路段（如长大上坡导致车速变慢、省界站出口车辆排队等路段）等。对于这些需要设置照明的地方，改扩建工程和新建工程应遵循同样的设置原则。《细则》仅仅针对改扩建这一特殊建设方式做出补充性规定，这也是《细则》第1.0.8条规定“高速公路改扩建交通工程及沿线设施的设计除应符合本细则的规定外，尚应符合国家和行业现行有关标准的规定”的含义所在。

7.5.9 供电照明设备选择可采用改造利用或更换新设备等方案。方案选择应考虑技术先进性、改造费用、剩余使用寿命、新购置设备费用、运营成本等因素，并进行综合技术经济比较。

7.5.10 表面已锈蚀的灯杆，拟再利用时应翻新；配光曲线不合理的灯具、光效较低的光源、能耗高的镇流器等拆除后不宜再直接利用。

7.6 房屋建筑

7.6.1 服务及管理设施房屋建筑的建设规模应符合现行《高速公路交通工程及沿线设施设计通用规范》(JTG D80) 的相关规定，应充分利用原有服务及管理设施，注重节约环保，提高综合使用效率。

《细则》作为对现行《高速公路交通工程及沿线设计通用规范》（JTG D80）的下位规范，在改扩建工程的房屋建筑规模上保持了指标的连续性。目前，我国涉及高速公路沿线设施房屋建筑规模指标的现行规范标准只有《通用规范》，《通用规范》在有关管理机构的章节中对各级监控通信设施、收费站，以及养护工区的建筑面积指标都做了具体规定。由于全国各地高速公路管理机构的部门设置、人员编制及管养模式等不尽相同，很多省市都围绕《通用规范》的建设指标，根据自身的实际情况制定了房屋建筑相应的地方标准和设计指南。调研情况表明，各地在各类管理设施的用地面积上都能按照现行规范指标严格控制，但对房屋建筑面积指标的控制大都有所调整，并做出了具体的规定。如：部分省市根据需要设置了路政、交警用房；部分省市根据本地收费站的管理模式，制定了值班宿舍设置标准和面积指标等。

从国内高速公路改扩建项目调研情况来看，涉及最多的房屋建筑改扩建工程主要是收费天棚，其次是由于收费车道及工作人员增加引起的收费站值班宿舍数量增加，以及因收费广场扩大引发的门卫、围墙等建（构）筑物的迁移等，路段监控分中心等管理设施房屋建筑改扩建的情况相对较少。为此，本着厉行节约的原则，为避免借改扩建之机盲目扩大沿线房屋建筑规模的情况发生，《细则》提出了房屋建筑建设规模与《通用规范》对接的要求。同时，强调在改扩建过程中应充分利用原有服务及管理设施，注重节约和环保，提高综合使用效率。

7.6.2 房屋建筑改扩建方案的确定除应与总体设计方案相一致外，尚应符合下列规定：

1 可以保证使用安全，或通过加固等技术措施处理后可以保证使用安全，且功能满足使用需求的建（构）筑物，应继续使用。

2 可以保证使用安全，或通过加固等技术措施处理后可以保证使用安全，但功能不满足使用需求的建（构）筑物，宜改造后使用；不能改造的建（构）筑物，应拆除新建。

3 采取加固等技术措施无法保证使用安全，或因改造投资大于新建等原因不宜改造的建（构）筑物，应拆除新建。

4　经改造或新建的建筑物宜与原有建筑风格相协调。

5　房屋建筑的水、暖、电等相关设备、管网等，满足功能需求及相关技术标准的，应予以保留；否则，应进行改造或更新。改造更新后的设备性能和技术标准应满足现行标准，并与原有设备相兼容。

按照国家建筑工程有关标准规定，房屋建筑的一般设计使用年限为50年，目前国内高速公路改扩建项目的房屋建筑都仍在设计使用年限范围内，通常可以继续使用。从调研情况来看，需要改造、加固的高速公路房屋建筑分为两类：其一，由于建筑功能的改变而引起的结构改造或加固，如将原有办公用房改为淋浴间；其二，由于建造质量原因，建筑物需加固后方可继续使用，如地基沉降引起的墙体裂缝等病害。本条给出了房屋建筑改扩建的几条原则，其目的就是要求改扩建后的房屋建筑应保证使用安全，满足功能需求，并在此基础上节约投资、减少浪费。

本条提出新老建筑风格相协调，既是要求遵循建筑设计的基本原则，也为了避免改扩建项目建筑设计的随意性。采用“协调”而不是“一致”，是考虑到建筑风格的发展和进步，为设计者营造更大的创作空间。

7.6.3　管理设施房屋建筑改扩建总体规划应结合现状，充分利用原有设施。当场区内原有房屋建筑布局与主体工程冲突且无法避开时，可拆除占压建（构）筑物新建。

国内高速公路管理设施的房屋建筑大多紧邻互通区收费广场建设，相当一部分是建在互通区内，在改扩建过程中，部分互通式立体交叉平面需要扩大或调整，这就有可能不同程度地影响到紧邻的房屋建筑。管理设施房屋建筑不同于其他地面附着物，涉及房屋内外监控、收费、通信、供配电照明等各种线路、设备等，担负着正在运营的高速公路改扩建项目的管理职责，对其拆移会直接影响高速公路的正常运营；同时，此类房屋建筑的拆迁成本也远大于一般的地面附着物。《细则》专列此条，要求在改扩建项目总体设计中，应重视互通式立体交叉与房屋建筑改扩建的关系。对于涉及管理设施房屋建筑改移的互通式立体交叉方案，应进行改扩建方案的经济技术分析和论证，加强主体与各相关专业的沟通，避免盲目拆建。

7.6.4 建（构）筑物改扩建应与原有建筑的形式、功能及结构等相结合，新增建筑可采用拼接、新旧单体组合等技术措施与原有建筑进行组合，组合后的建筑应满足改扩建后的功能及使用需求。

高速公路管理设施房屋主要包括收费站房、监控分中心、养护工区等设施，除大型的监控分中心外，其他建筑体量较小，一般均为两层左右楼房，从调研情况来看，房屋建筑改扩建多数为收费站房和收费天棚的改扩建。收费站房主要包括办公和生活两类房屋，国内有些项目在改扩建过程中，抛开原有建筑对收费站房重新进行了设计，这就造成了新老建筑功能及形式脱节，建筑空间重复、浪费等现象发生。本条强调了新老建筑的结合，要求新增建筑采用拼接等方式与老建筑组合，使新老建筑改扩建后共同满足使用需求，这样既可有效节约投资，又保证了场区内建筑物形式和功能的完整性。如收费站扩建的值班宿舍可与原有宿舍楼拼接，共用门厅、楼梯等附属空间，这样既可保持原有建筑风格，又使建筑内部空间得到了有效、综合利用。

7.6.5 新增或改扩建的收费天棚宜保持原有建筑风格，原址扩建的收费天棚可采用新旧结构拼接方案。

收费站一般设在城镇出入口或行政区界处，收费天棚作为收费站的主体建筑，在建设时通常被当地政府或建设单位赋予了一定的人文等地方特色，为保持建筑风格的协调一致性，本条提出改扩建工程的收费天棚宜保持原有建筑风格。经调研分析，除了文化历史名城、旅游胜地、交通枢纽以及主线收费站等，国内大部分收费天棚都采用了网架等轻钢结构形式，这类收费天棚造型简洁、结构简单、安装方便，改扩建时保持原有的建筑风格相对容易；但对于部分具有独特标识、结构装修复杂的收费天棚，要保持原有建筑风格，改扩建时需面对建筑、结构、造价，以及保通等诸多问题，强制要求保持原有建筑风格的难度较大。因此，本条中采用“宜”，对改扩建收费天棚保持原有建筑风格不进行强制规定。

目前，国内大部分收费天棚都是原址改扩建，基于造价、保通等原因，《细则》采用“可”，以表示提倡对原址改扩建收费天棚采用新旧结构拼接方案。所谓“拼接”可理解为在保持收费天棚原有结构体系的基础上与扩建收费天棚相组合。

7.6.6　收费天棚改扩建宜采用对正常收费业务影响较小的结构形式，改扩建不宜对收费业务造成较大影响，确因改扩建影响到收费业务时，应采取必要的措施保障通行。

本条主要是针对不封闭施工的高速公路改扩建工程而言的。要保证改扩建工程中收费业务的正常运营，除了在实施阶段制订科学、合理的保通方案外，全部或部分保留原有收费天棚结构是最经济、有效的方法；若因功能或技术条件所限不能保留原有收费天棚结构，也应尽量采用预制拼装结构形式，以求最大限度地缩短工期、减少施工作业面，包括在施工期开通有限收费车道等措施，从而将对收费业务的影响减少到最小。

从国内高速公路改扩建项目调研情况来看，部分早期的收费车道不是采用现行的标准宽度，往往大于3.2m。对于此类情况，本着节约投资、缩短工期、对收费业务影响最小的原则，不应教条执行收费车道宽度的现行标准，为调整车道宽度而拆除既有收费天棚。

7.6.7　对于不符合现行建筑节能标准，本次改扩建又继续使用的建筑物，宜按照相关标准进行建筑节能改造。

需要改扩建的高速公路项目运营时间一般都在10年以上，与之相配套的沿线房屋建筑也是如此。调研情况表明，目前国内高速公路改扩建项目的房建工程大部分都难以满足现行的建筑节能标准。如强制要求按照现行标准进行节能改造，涉及老建筑的可靠度鉴定与加固、现有外部装修、门窗拆除等多方面问题，对此类设施的正常运营也会产生影响。因此，本条采用了“宜”，不强制对原有房屋建筑按现行规范标准进行建筑节能改造。

8 隧道交通工程与附属设施

按照《公路工程技术标准》(JTG B01—2014)的规定,公路隧道应设置安全设施、交通监控设施、通风设施、照明设施、紧急呼叫设施、火灾报警设施、消防设施与通道、供配电设施等,以及配套的中央控制管理系统、接地与防雷设施及线缆等。

《公路隧道设计规范 第二册 交通工程与附属设施》(JTG D70/2—2014)对公路隧道交通工程及附属设施的设计做了较为详细的规定。该规范适用于新建及改建的公路山岭隧道,因此该规范和《公路工程技术标准》(JTG B01—2014)中对于隧道交通工程及附属设施的设计规模、配置标准、技术要求等同样适用于高速公路改扩建工程。

高速公路改扩建中遇到隧道工程需要进行改扩建时,其交通工程及附属设施的设计指标首先要满足《公路工程技术标准》(JTG B01—2014)和《公路隧道设计规范 第二册 交通工程与附属设施》(JTG D70/2—2014)的要求。但具体改扩建中改扩建的方案、设施的扩容和拆移等细部问题,现行的规范中没有做出较为详细的规定,因此《细则》作为《公路隧道设计规范 第二册 交通工程与附属设施》(JTG D70/2—2014)中关于隧道交通工程及附属设施方面的下位规范,对其做出一些扩展性规定,以便隧道的改扩建设计更好地开展。

隧道改扩建通常会遇到下列问题:

(1)对原隧道进行就地扩挖时,原有洞内设施的再利用问题;

(2)对双洞隧道一侧进行扩挖,另外一洞通过新建隧道采用复线形式扩建时,新建隧道逃生通道建设问题;

(3)进行新建单洞,使同方向有双洞并列运行时,具有类似于同向分离路段的交通分配问题,如果交通量分配不均,洞内附属设施配置规模也会有所变化。

这些问题是由于隧道改扩建所带来的个别问题,现行《公路隧道设计规范》

没有做出更详细的规定，而在设计时又不能回避，因此《细则》针对这些问题做出一些补充规定。

8.0.1 应根据主体工程改扩建方案，结合调查与评价结果及总体设计方案，按照现行标准规范确定隧道监控、消防等级，对隧道照明、通风、供配电、消防、监控、通信等设施进行改扩建，使其满足运营需求。

根据主体工程改扩建方案，在对既有公路隧道的交通工程及附属设施进行充分调查和评价的基础上制订改扩建设计方案是高速公路隧道交通工程及附属设施改扩建的唯一正确方法。

隧道交通工程及附属设施作为隧道工程的一部分，同时也属于交通工程及沿线设施的范畴。之所以将其改扩建部分的内容归入《细则》，主要是基于以下原因：

(1) 隧道交通工程及附属设施主要是为隧道运营管理服务，其服务对象为司乘人员和隧道运营管理部门，这些设施一部分属于安全设施，一部分属于管理设施，也有一部分属于服务设施，均有交通工程及沿线设施的属性。

(2) 如果是新建公路隧道，考虑到其交通工程及附属设施与隧道主体工程关系非常密切，隧道建设中配套的通风竖井、地下风机房、地下变配电所等设施均需要与主体工程同步施工，大量的预留预埋工程需要在主体工程施工时实施，从便于设计统一和协调性角度考虑，将其归入隧道工程是合理的，但到了改扩建阶段，隧道交通工程及附属设施通常都与主线路段上的设施融为一体，其运营管理和设施日常维护也交由交通工程的管理养护机构统一实施，隧道内的机电工程设施也已经与路段的机电工程系统融合为一体，因此《细则》将隧道交通工程及附属设施的改扩建一并加以规范。

8.0.2 当新建隧道设有专用逃生通道时，应设置必要的基本照明、应急照明、视频监视、火灾检测、隧道通风、隧道广播等设施。

新建隧道是高速公路改扩建中隧道改扩建的最常见形式。其主要优点是对既有公路交通影响较小，但逃生通道的设置不可省。既有公路隧道多采用双洞单向通行，同时在左右洞之间设横通道，使双洞互为逃生通道。如果改扩建时在其一边再打一洞，需考虑逃生通道问题。如果将新洞和既有隧道之间设置横洞作为逃生通道是可以的，有时为了减少与既有隧道的干扰，考虑在其他位置设置单独的逃生通道，此时应按照《细则》规定设置必要的设施。具体设施的设置以满足隧道运营安全为原则。设置方法及技术指标同新建高速公路的有关规定。

8.0.3 公路隧道单向采用双洞并列通行时，可按所在路段的车道分配方案推算各洞所应承担的交通量，再乘以双洞交通分配不均匀系数，作为隧道交通工程与附属设施的设计交通量，据此确定隧道监控、消防等级及通风照明设计规模。对于长隧道及特长隧道，调整系数宜为 1.05～1.1；对于中短隧道，调整系数宜为 1.1～1.2。

公路隧道采用分线扩建时，若单向双洞并列通行，需考虑交通量在不同隧道之间的分配问题。对于长隧道及特长隧道，一般情况下会有明确的交通组织方案，规定各车道的通行车型，因此可直接按照该原则结合预测交通量确定各隧道间的交通分配。考虑交通流的随机性，实际计算时在此基础上乘以 1.05～1.1 的调整系数。

对于中短隧道，车辆进入隧道前一般没有明确的交通组织划分，因此交通流分布的随意性较大，调整系数选为 1.1～1.2。

举例：某高速公路隧道为双洞特长隧道，单洞 2 车道。改扩建时左线采用扩挖，将原来的单洞 2 车道扩挖为单洞 4 车道，行车方向仍保持不变，右洞采用新建单洞 3 车道隧道。此时可按如下思路确定设计方案：

(1) 左洞：按单向 4 车道隧道确定其交通工程及附属设施的总体方案，如安全设施、通风、照明、监控、消防、供配电等。确定具体各专业设计方案时应注意与既有的各类设施相结合，如充分利用原来的通风照明供配电消防等设备；扩挖时对既有设施尽可能予以保护。

(2) 右洞：按建成后单向共 5 个车道，旧洞 2 个车道，新洞 3 个车道，那么将预测交通量按 2∶3 的比例由旧洞和新洞分别承担，旧洞承担 2/5 的交通量，新洞承担 3/5 的交通量。在此情况下考虑到驾驶人进洞的随机性较大，难以保证旧洞和新洞交通量会严格地按此比例进行分配，因此各自乘以一个调整系数。经计算，作为特长隧道，旧洞设计交通量取值为该方向预测交通量的 42%～44%；

新洞设计交通量取值为该方向预测交通量的63%～66%。设计交通量确定以后，还要考虑新建隧道的逃生通道。如果将新建隧道与旧洞之间开设横通道，可以利用该横通道逃生，但如果考虑施工安全将新洞与旧洞的横向间距拉得较大而导致横洞施工困难或为了防止施工对交通的干扰或其他原因而没有设横通道，则应考虑另设逃生通道，以有利于新洞的运行安全。

8.0.4 隧道通风设施应根据调查评价结果及改扩建方案进行设计。对于采用分段通风的隧道，改扩建时应充分利用现有的通风设施。当设有专用逃生通道时，通风设计应确保逃生通道的风压大于主洞风压30～50Pa，避免火灾工况下的烟雾由主洞蔓延至逃生通道。

新建高速公路隧道左右洞互为逃生时，可通过调整洞内射流风机的风向使逃生洞内保持正压，此功能很容易实现，因此没有特意强调。但对于改扩建工程，如果设置专用逃生通道，则需要考虑逃生通道的防窜烟问题。除了防火隔烟门以外，还应考虑正压，可采用增设风机等方法。

8.0.5 隧道消防及防灾设施扩建时，应结合水源情况调查和评价的结论，对既有公路消防水池、泵房、管道系统等加以充分利用。

隧道规模扩大以后，消防系统需进行适应性评价，然后重新确定隧道消防系统的规模和设计方案，在确定设计方案时尽可能地利用既有设施。

8.0.6 采用分线扩建的长隧道和特长隧道，宜在同向分离路基前、隧道口转换车道前设置信息发布设施及车道引导设施，根据不同路幅的交通状况及时调节交通流的分配。

这些设施通常设在洞外，因此容易造成隧道交通工程及附属设施设计与路段交通工程设计之间界限模糊，导致漏项。在洞外的车道引导设施是根据不同路幅的交通状况发布信息调节交通流分配，因此应相应设置较完善的交通状况检测设施，包括检测洞内交通状况的设施，设计时应注意与路段监控设施有机结合。

8.0.7 采用扩挖形式扩建的公路隧道，应按扩建以后的隧道运营管理需求进行设计，并应充分利用原有设施。

9 临时交通工程及沿线设施

9.1 一般规定

9.1.1 高速公路改扩建应设置必要的临时安全、服务和管理设施。临时交通工程及沿线设施的设计应满足交通组织和改扩建期间通行需求，并能提供改扩建期间基本的服务、管理功能。

本条对临时交通工程及沿线设施按照专业划分进行了分类，即将其分为临时安全设施、临时服务设施和临时管理设施。临时交通工程及沿线设施的专业划分与其他交通工程及沿线设施一致，便于设计。

本条也明确了临时交通工程及沿线设施的功能，便于设计人员把握设计要领。

9.1.2 临时交通工程及沿线设施的设计应符合下列规定：

1 应根据交通组织方案，针对分流、通行保障和施工保障的需求进行设计。用于分流的临时设施，其设计应符合相应等级公路交通工程及沿线设施布设的要求；用于通行保障的临时交通工程及沿线设施，其设计标准应与维持通车路段的通行需求相适应；用于保障施工的临时交通工程及沿线设施，其设计应满足正常施工的需要。

2 临时和正式运营的设施应统筹考虑。应充分利用既有公路设施，最大限度地发挥既有设施的综合效益。临时交通工程及沿线设施应考虑设施的通用性和可重复利用性，应便于拆迁和移动。

本条对临时交通工程及沿线设施按用途做了另一种分类。此种分类方法有助于设计人员结合不同功能及其重要性确定各类设施的规模和标准，做到经济适用、资源节约、绿色环保。不同用途的临时设施其设计侧重点不同，本条给予明确的规定。

改扩建工程多采用分段、分幅施工，因此，临时交通工程及沿线设施要多次移动，但其可重复利用性明显。因此，规定在设计中尽可能考虑到重复利用，以节约投资。

9.1.3 临时交通工程及沿线设施与永久设施结合设置时，其设计使用年限应满足现行《高速公路交通工程及沿线设施设计通用规范》(JTG D80) 的相关规定。

本条主要针对临时交通设施和永久交通设施的使用情况做出有关设计年限的规定。本条另外一层隐含的意思是：对于单独的临时交通工程及沿线设施，考虑其使用时间长短不一，而且金属或非金属材料制作的临时设施通常可以满足施工期间的临时需要，因此不做具体规定。

9.2 临时交通安全设施

9.2.1 临时交通安全设施应包括用于路网分流、路段通行保障和施工保障等各种场合的设施。

本条也是用列举法将临时交通安全设施加以分类，防止设计漏项。

9.2.2 用于路网分流的临时交通安全设施应设于与改扩建施工路段具有交通流分流转换关系的区域路网。应结合改扩建施工的交通组织方案，在路网各分流结点设置交通分流的标志标线、隔离设施等临时设施，临时交通安全设施设置应易于拆装及挪移和重复使用。

本条强调了交通组织方案是该类临时交通安全设施布设的重要依据。因此，在进行该类临时安全设施设计时，必须首先充分了解改扩建工程的交通组织方案，收集交通组织对临时交通安全设施提出的各项具体要求，做针对性设计 。

9.2.3 用于路段通行保障的临时交通安全设施的设置应符合下列规定：

1 在主体工程改扩建施工需要对原来的出口预告等标志进行拆除之前，应设置替代既有公路主线功能的临时交通标志。该类标志可设置在中央分隔带，标志版面内容可简化，仅保留出口、重要地点、服务设施等信息。中央分隔带有波形梁护栏时，临时标志可固定在中央分隔带护栏的立柱上，其他情况时可设活动式混凝土基础，如图 9.2.3 所示。

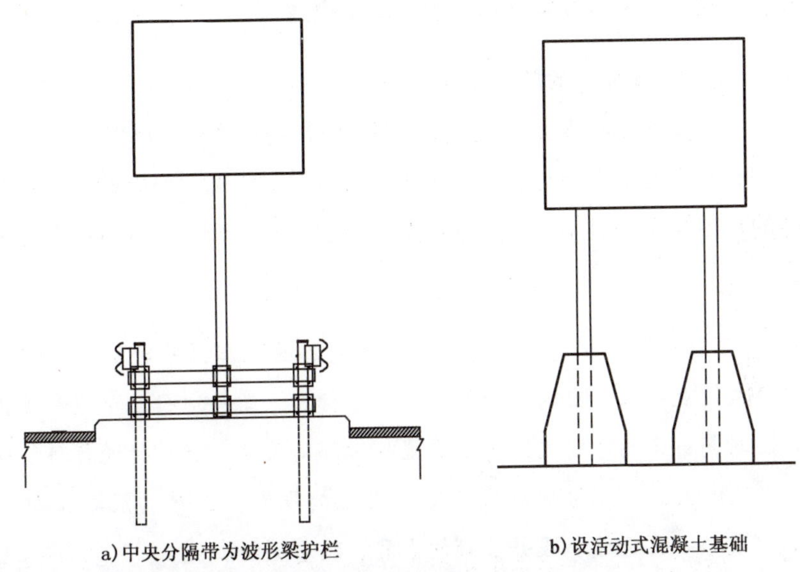

a)中央分隔带为波形梁护栏　　b)设活动式混凝土基础

图 9.2.3　中央分隔带标志结构

2　高速公路的出口预告、方向地点、限速标志等用于路段通行保障的重要临时交通标志设置在中央分隔带上时，不得侵入建筑限界，标志版面可在满足通行视认性的前提下进行调整。

3　服务区和互通式立体交叉前宜增设 3km 临时预告标志。

高速公路采用两侧拼接加宽的方式进行改扩建时，需要在中央分隔带设置的临时交通标志包括：服务区标志、出口预告标志、收费站及预告标志、地点距离标志、限速标志、救援标志等。这些标志一般在改扩建工程开工时事先设置，和路侧的相关标志共同发挥作用，以便给驾驶员一定的过渡适应时间。随着路基拼宽作业的进展，路侧的标志会被拆除，此时依靠中央分隔带临时标志提供相应的信息。

本条第一款中的临时交通标志应专门设计。对于保通车速为 60～80km/h 的一般改扩建工程而言，临时交通标志汉字字高采用 40cm 左右是较合适的，而且一般情况下中央分隔带可以容纳得下。该类标志图案应基本上与《道路交通标志和标线》（GB 5768）相符，可以不设英文，汉字的高宽比可适当压缩，采用

1∶0.8～1∶0.75之间的数值。个别重要的标志，为避免标志版面过小影响视认，可以采用标志在中央分隔带上加高、重复预告等方法。考虑到具体设置方法比较灵活，因此《细则》没有规定具体的版面图案模式。

9.2.4 用于施工保障的临时交通安全设施应根据施工交通组织的需要设置，并应符合现行《公路养护安全作业规程》(JTG H30) 的相关规定。

该类临时交通安全设施与公路养护作业时所设置的保障设施的设置目的及功能是一样的，因此直接引用《公路养护安全作业规程》(JTG H30) 规范中的相关规定。

9.2.5 高速公路改扩建施工时，应设置完善的施工区临时标志。需进行交通转换时，应设置施工区交通转换的临时交通标志。维持通行的车道和施工作业区之间以及对向行车的车道之间，应设置临时隔离设施。当维持通行路段的车速为 60km/h 及以上时，临时隔离设施宜采用连续设置并互锁的混凝土护栏预制块、注水（或砂）且连续布设并互锁的水马、波形梁护栏等。

本条对保通路段通车区和施工区之间的纵向隔离做了专门规定。高速公路在改扩建期间应尽量提供高品质的服务，使其符合高速公路的底线要求。如果施工对通车干扰过于严重，势必影响到高速公路的社会形象和收益。《细则》规定：保持通行的高速公路，其一般路段应满足 60km/h 以上的行车速度需求。在此情况下，通车区和施工区之间需施行硬质隔离。

9.2.6 用于路网分流和路段通行保障的临时标志，其图案、颜色、字符形式等应满足现行《道路交通标志和标线》(GB 5768) 以及《公路交通安全设施设计规范》(JTG D81) 的相关规定。主线临时标志的设置不宜过于集中。字高及汉字的高宽比应满足施工路段维持通行的基本需求，且字高不得小于 40cm，重要信息不应遗漏。

9.2.7 改扩建中拆除且不准备在改扩建完成后继续使用的安全设施，宜优先用作临时交通安全设施。

9.2.8 在满足使用条件下，临时标志支撑结构可采用附着于护栏立柱、跨线桥、移动支架等形式。

9.3 临时服务设施

9.3.1 改扩建施工影响既有公路服务设施的正常使用时，宜设置加油站、临时公厕等临时服务设施。

9.3.2 临时服务设施的设置应符合经济适用、安全环保、方便拆移的原则。

9.3.3 设置临时服务设施时，应有相应的指引标识等配套设施。

对于不封闭施工的高速公路改扩建工程而言，要保证改扩建期间的正常运营和基本服务水平，加油、如厕是过往车辆必不可少的客观性需求。目前，由于场地扩征等因素，国内部分改扩建项目拆除了加油站、公厕等基本服务设施。针对此类问题，很多项目在改扩建施工期间都采取了多种技术或管理措施以维持服务区改扩建期间的基本功能。主要包括：

（1）利用原有连接通道或天桥，实现同一服务区半区经营、半区施工；

（2）同一路段服务设施间隔运营、交叉施工等；

（3）设置临时公厕、加油站等临时性服务设施。

作为临时设施，《细则》提出了“经济适用、安全环保、方便拆移”的设置原则。如轻钢结构房屋、移动式加油站、环保型移动公厕等。

9.4 临时管理设施

9.4.1 改扩建期间，因改扩建施工对现有设施造成影响，导致无法正常运营时，应视需要设置临时监控、临时通信或临时收费等设施。

改扩建过程中必然会影响现有管理设施的使用，但对各业务影响的程度是不一样的，有些业务（例如收费业务）在改扩建期间需要维持正常运营，有些业务（例如监控业务）无法保证正常运营，因此做出本条规定。

工程中设置临时监控设施最常用的解决方式是将拆下来的监控外场设备通过临时线路连接，安装于必要的位置，起到临时监控作用。此外，还可设移动式监控设备。

临时通信设施最常用的方法是在高速公路改扩建时另外敷设临时架空光缆，替代主线中央分隔带的光缆起到临时通信保障作用。主线中央分隔带光缆施工完成后再进行切换。

临时收费设施包括临时收费亭、便携式收费机等。

临时供配电设施主要包括移动式柴油发电机等。

9.4.2 当采用维持通行的改扩建方案且通信设施无法正常运行时，应提供保证收费数据及业务电话等基本通信要求的临时通信方案。

通信系统可选择的保通方案很多，可设置临时通信线路，也可申请在公网内开设虚拟专网，或借助移动通信网络等。

9.4.3 应根据交通组织方案，结合既有公路监控设施的设置情况及施工阶段的通车需求，对关键段落和部位配置移动式可变信息标志、临时监控摄像机等设施。临时监控设施可采用蓄电池、风能、太阳能等供电方式，可借助移动公网传输。

9.4.4 当改扩建施工影响通信管线正常使用时，可设置临时通信线路或借助公网传输。当设置临时通信线路时，可采用架空、直埋或穿管埋设方式。采用架空方式时，宜架设在不受改扩建施工影响的位置；采用穿管埋设方式时，宜与改扩建后所需的管道结合埋设。当借助公网传输时，应有网络安全防护措施。

9.4.5 改扩建过程中，可设置便携式收费设备、移动式收费亭等临时收费设施。

9.4.6 改扩建过程中，可设置移动式发电机组等临时供电设施及临时照明设施。

临时交通工程及沿线设施种类繁多，灵活多样。而且不同的项目、不同的交通组织方式所对应的临时交通工程及沿线设施设计方案相差也很大。《细则》无法包罗万象，但将临时交通工程及沿线设施作为一个必不可少的设计内容加以规定，可以确保改扩建工程的临时交通工程及沿线设施设计不致漏项，保证该部分工程计入设计概算。通过科学的分类，使设计人员能够根据需求设置较为完善的临时设施。

公路工程现行标准、规范、规程、指南一览表

(2015年3月版)

序号	类别		编　　号	书名(书号)	定价(元)
1	基础		JTG A02—2013	公路工程行业标准制修订管理导则(10544)	15.00
2			JTG A04—2013	公路工程标准编写导则(10538)	20.00
3			JTJ 002—87	公路工程名词术语(0346)	22.00
4			JTJ 003—86	公路自然区划标准(0348)	16.00
5			JTG B01—2014	公路工程技术标准(活页夹版,11814)	98.00
6			JTG B01—2014	公路工程技术标准(平装版,11829)	68.00
7			JTG B02—2013	公路工程抗震规范(11120)	45.00
8			JTG/T B02-01—2008	公路桥梁抗震设计细则(1228)	35.00
9			JTG B03—2006	公路建设项目环境影响评价规范(0927)	26.00
10			JTG B04—2010	公路环境保护设计规范(08473)	28.00
11			JTG/T B05—2004	公路项目安全性评价指南(0784)	18.00
12			JTG B05-01—2013	公路护栏安全性能评价标准(10992)	30.00
13			JTG B06—2007	公路工程基本建设项目概算预算编制办法(06903)	26.00
14			JTG/T B06-01—2007	★公路工程概算定额(06901)	110.00
15			JTG/T B06-02—2007	★公路工程预算定额(06902)	138.00
16			JTG/T B06-03—2007	★公路工程机械台班费用定额(06900)	24.00
17			交通部定额站2009版	公路工程施工定额(07864)	78.00
18			JTG/T B07-01—2006	公路工程混凝土结构防腐蚀技术规范(0973)	16.00
19			交通部2007年第30号	国家高速公路网相关标志更换工作实施技术指南(1124)	58.00
20			交通部2007年第35号	收费公路联网收费技术要求(1126)	62.00
21			JTG B10-01—2014	公路电子不停车收费联网运营和服务规范(11566)	30.00
22			交通运输部2011年	公路工程项目建设用地指标(09402)	36.00
23	勘测		JTG C10—2007	★公路勘测规范(06570)	28.00
24			JTG/T C10—2007	★公路勘测细则(06572)	42.00
25			JTG C20—2011	公路工程地质勘察规范(09507)	65.00
26			JTG/T C21-01—2005	公路工程地质遥感勘察规范(0839)	17.00
27			JTG/T C21-02—2014	公路工程卫星图像测绘技术规程(11540)	25.00
28			JTG/T C22—2009	公路工程物探规程(1311)	28.00
29			JTG C30—2015	公路工程水文勘测设计规范(12063)	70.00
30	设计	公路	JTG D20—2006	★公路路线设计规范(0996)	38.00
31			JTG/T D21—2014	公路立体交叉设计细则(11761)	60.00
32			JTG D30—2004	公路路基设计规范(05326)	48.00
33			JTG/T D31—2008	沙漠地区公路设计与施工指南(1206)	32.00
34			JTG/T D31-02—2013	公路软土地基路堤设计与施工技术细则(10449)	40.00
35			JTG/T D31-03—2011	★采空区公路设计与施工技术细则(09181)	40.00
36			JTG/T D31-04—2012	多年冻土地区公路设计与施工技术细则(10260)	40.00
37			JTG/T D32—2012	公路土工合成材料应用技术规范(09908)	42.00
38			JTG D40—2011	★公路水泥混凝土路面设计规范(09463)	40.00
39			JTG D50—2006	★公路沥青路面设计规范(06248)	36.00
40			JTG/T D33—2012	公路排水设计规范(10337)	40.00
41		桥隧	JTG D60—2004	公路桥涵设计通用规范(05068)	24.00
42			JTG/T D60-01—2004	公路桥梁抗风设计规范(0814)	28.00
43			JTG D61—2005	公路圬工桥涵设计规范(0887)	19.00
44			JTG D62—2004	公路钢筋混凝土及预应力混凝土桥涵设计规范(05052)	48.00
45			JTG D63—2007	公路桥涵地基与基础设计规范(06892)	48.00
46			JTJ 025—86	公路桥涵钢结构及木结构设计规范(0176)	20.00
47			JTG/T D65-01—2007	公路斜拉桥设计细则(1125)	28.00
48			JTG/T D65-04—2007	公路涵洞设计细则(06628)	26.00
49			JTG D70—2004	公路隧道设计规范(05180)	50.00
50			JTG/T D70—2010	★公路隧道设计细则(08478)	66.00
51			JTG D70/2—2014	公路隧道设计规范　第二册　交通工程与附属设施(11543)	50.00
52			JTG/T D70/2-01—2014	公路隧道照明设计细则(11541)	35.00
53			JTG/T D70/2-02—2014	公路隧道通风设计细则(11546)	70.00
54		交通工程	JTG D80—2006	高速公路交通工程及沿线设施设计通用规范(0998)	25.00
55			JTG D81—2006	★公路交通安全设施设计规范(0977)	25.00
56			JTG/T D81—2006	★公路交通安全设施设计细则(0997)	35.00
57			JTG D82—2009	公路交通标志和标线设置规范(07947)	116.00
58		综合	交公路发〔2007〕358号	公路工程基本建设项目设计文件编制办法(06746)	26.00
59			交公路发〔2007〕358号	公路工程基本建设项目设计文件图表示例(06770)	600.00

续上表

序号	类别		编号	书名(书号)	定价(元)
60	检测		JTG E20—2011	公路工程沥青及沥青混合料试验规程(09468)	106.00
61			JTG E30—2005	公路工程水泥及水泥混凝土试验规程(0830)	32.00
62			JTG E40—2007	★公路土工试验规程(06794)	79.00
63			JTG E41—2005	公路工程岩石试验规程(0828)	18.00
64			JTG E42—2005	公路工程集料试验规程(0829)	30.00
65			JTG E50—2006	★公路工程土工合成材料试验规程(0982)	28.00
66			JTG E51—2009	公路工程无机结合料稳定材料试验规程(08046)	48.00
67			JTG E60—2008	公路路基路面现场测试规程(07296)	38.00
68			JTG/T E61—2014	公路路面技术状况自动化检测规程(11830)	25.00
69	施工	公路	JTG F10—2006	公路路基施工技术规范(06221)	40.00
70			JTJ 034—2000	公路路面基层施工技术规范(0431)	20.00
71			JTG/T F30—2014	公路水泥混凝土路面施工技术细则(11244)	60.00
72			JTG/T F31—2014	公路水泥混凝土路面再生利用技术细则(11360)	30.00
73			JTG F40—2004	公路沥青路面施工技术规范(05328)	38.00
74			JTG F41—2008	公路沥青路面再生技术规范(07105)	25.00
75		桥隧	JTG/T F50—2011	★公路桥涵施工技术规范(09224)	110.00
76			JTG/T F81-01—2004	公路工程基桩动测技术规程(0783)	20.00
77			JTG F60—2009	公路隧道施工技术规范(07992)	42.00
78			JTG/T F60—2009	公路隧道施工技术细则(07991)	58.00
79		交通	JTG F71—2006	★公路交通安全设施施工技术规范(0976)	20.00
80			JTG/T F72—2011	公路隧道交通工程与附属设施施工技术规范(09509)	35.00
81	质检安全		JTG F80/1—2004	公路工程质量检验评定标准 第一册 土建工程(05327)	46.00
82			JTG F80/2—2004	公路工程质量检验评定标准 第二册 机电工程(05325)	26.00
83			JTG G10—2006	公路工程施工监理规范(06267)	20.00
84			JTJ 076—95	公路工程施工安全技术规程(0049)	12.00
85	养护管理		JTG H10—2009	公路养护技术规范(08071)	49.00
86			JTJ 073.1—2001	公路水泥混凝土路面养护技术规范(0520)	12.00
87			JTJ 073.2—2001	公路沥青路面养护技术规范(0551)	13.00
88			JTG H11—2004	公路桥涵养护规范(05025)	30.00
89			JTG H12—2015	公路隧道养护技术规范(12062)	60.00
90			JTG H20—2007	公路技术状况评定标准(1140)	15.00
91			JTG/T H21—2011	★公路桥梁技术状况评定标准(09324)	46.00
92			JTG H30—2004	公路养护安全作业规程(05154)	36.00
93			JTG H40—2002	公路养护工程预算编制导则(0641)	9.00
94	加固设计与施工		JTG/T J21—2011	公路桥梁承载能力检测评定规程(09480)	20.00
95			JTG/T J22—2008	公路桥梁加固设计规范(07380)	52.00
96			JTG/T J23—2008	公路桥梁加固施工技术规范(07378)	30.00
97	改扩建		JTG/T L11—2014	高速公路改扩建设计细则(11998)	45.00
98			JTG/T L80—2014	高速公路改扩建交通工程及沿线设施设计细则(11999)	30.00
99	造价		JTG M20—2011	公路工程基本建设项目投资估算编制办法(09557)	30.00
100			JTG/T M21—2011	公路工程估算指标(09531)	110.00
1	技术指南		交公便字[2006]02 号	公路工程水泥混凝土外加剂与掺合料应用技术指南(0925)	50.00
2			交公便字[2006]02 号	公路工程抗冻设计与施工技术指南(0926)	26.00
3			厅公路字[2006]418 号	公路安全保障工程实施技术指南(1034)	40.00
4			交公便字[2009]145 号	公路交通标志和标线设置手册(07990)	165.00

注:JTG——公路工程行业标准体系;JTG/T——公路工程行业推荐性标准体系;JTJ——仍在执行的公路工程原行业标准体系。批发业务电话:010-59757973;零售业务电话:010-85285659(北京);网上书店电话:010-59757908;业务咨询电话:010-85285922。带“★”的表示有勘误,详见中国交通运输标准服务平台 www.yuetong.cn/bzfw。